Romana & Björn Ulbrich

Dein Name sei...

Rituale und Zeremonien
zu Geburt und Namensgebung

Arun

Dank an die Kinder, die uns ihr zauberhaftes Antlitz geliehen haben. Dank an die selben Kinder, die heute teilweise schon erwachsen sind und uns durch ihr gesundes Temperament auf der Erde halten – auf dieser Erde, die die Nährerin ist für ewig sich veränderndes Leben. Mögen sie einstmals unsere Gedanken und Muster, die wir aufgespannt haben, weiterentwickeln, mutig, bunt, vielgestaltig, bereit das Gewesene in seinen Grundfesten zu erschüttern; auf dass für das Verjüngende stets ein Spalt entstehen darf. (ro)

Romana & Björn Ulbrich

Copyright © 2009 by Arun Verlag.
Arun Verlag, Engerda 28, 07407 Uhlstädt-Kirchhasel.
Tel.: 036743/2330, Fax: 036743/23317.
Email: info@arun-verlag.de; Homepage: www.arun-verlag.de
Titelbild: Bärenfalke.
Ein Band der Reihe Edition Björn Ulbrich.
© Textnachweis: alle Texte Björn Ulbrich, außer: (ro) Romana Ulbrich, Ritualbeschreibungen (S. 79 - 96) die jeweiligen Elternpaare oder besonderer Vermerk.
© Fotonachweis: bdesveaux-fotolia.com (48); Frank Hillenbrand (21, 56-57, 72-73); Fritz Steinbock (3, 92-93); Hans Thoma (74); Helmut Christof (88-91); Prof. Herbert Post (46); Holger Gerwin (94-95); Remo Leghissa (5c-d, 19, 64, 69a, 72-73, 96); Romana & Björn Ulbrich (5a-b, 7, 10, 13, 15, 24, 25, 29, 32, 35, 36, 38, 39, 44, 45, 46, 47, 49-54, 58, 61, 62, 63, 67, 68, 69b, 70, 71, 76-78, 86-87b, 106, 108, 110-111); Sven Langheinrich (79-85); Ulla Schmid-Scholz (34, 86a).
Lektorat: Holger Gerwin, Rakuna, Romana Ulbrich.
Gestaltung: Björn Ulbrich.
Gesamtherstellung: Drogowiec, Kielce.

ISBN 978-3-935581-14-1

Inhalt

Wie man dieses Buch lesen sollte,
was es nicht ist und was es leisten kann ...

„Ein neues Leben ist unterwegs" – und in Ihnen brennt, – neben all den üblichen Sorgen und Gedanken –, der große Wunsch, diese Geburt zu einem ganz besonderen Fest zu machen.

Sie haben die Sehnsucht nach begleitenden Ritualen. Sie wollen Ihre Spiritualität nicht verstecken, sondern leben, auch nach Außen deutlich zeigen – vielleicht im Rahmen der Geburt zum allerersten Mal?

Sind Sie Teil einer gewachsenen naturreligiösen Gemeinschaft und holen sich hier ein paar Anregungen? Oder fehlt der Mann zum Kind, sind die eigenen Eltern mit der neuen Lebenssituation überfordert, sind Freunde und Bekannte verstört, weil Sie plötzlich viele ganz komische (Sinn-) Fragen stellen, kurz: sind Sie im wahrsten Sinne des Wortes „mutterseelenallein"?

Dann wird Ihnen dieses Buch Mut machen, den eigenen Weg zu erkennen und genug Argumente, Beispiele und Informationen liefern, um diesem selbstbewusst auch gegen Widerstände zu folgen.

Dieses Buch bündelt das Wissen, die Ideen und die Erfahrungen vieler Menschen. Es bringt Texte fürs Gefühl und Texte für den Intellekt, Worte für die Seele sowie Gedanken, die sich *nur* an Frauen oder Männer richten. Mytho-poetische Erzählungen, die sich am besten mit dem *Herzen* lesen lassen, wechseln sich ab mit nüchternen Sachtexten, die Ihnen wichtige Argumente für Gespräche und Diskussionen anbieten. Zahlreiche Praxistipps zur Ausgestaltung von Feierlichkeiten, authentische Ritualbeispiele und zahlreiche Abbildungen runden das Buch ab.

Der Schreibstil der Texte ist daher oft sehr unterschiedlich, aber wir wollten hier bewusst keine erzwungene Einheitlichkeit. Auch konzentrieren wir uns hier nur auf Informationen, die Sie in dieser Dichte und Zusammenstellung nirgendwo anders finden werden. „Dein Name sei..." ist ein Praxisratgeber für zeitgenössisches naturreligiöses Leben. Dieses Buch ist auch unangepasst: viele unserer Äußerungen und der dargelegten Informationen bürsten kräftig gegen den Strich des Zeitgeistes und – was schwerer wiegen wird – fordern auch auf zur Tat, zur Handlung, und damit auch zum eigenen Erleben!

Vielleicht haben Sie ja schon Ritualerfahrung? Waren schon mal Gast auf Jahreskreisfesten? Haben Erfahrungen gesammelt bei Zeremonien, die in keltischer, germanischer, indianischer oder Wicca-Tradition gestaltet wurden?

Diese regelmäßig wiederkehrenden jahreszeitlichen Rituale sind wichtig, um unser spirituelles Leben zu ordnen und an die natürlichen Rhythmen anzukoppeln. Sie sind der Rahmen, der uns als Individuen, aber auch als Gemeinschaft zusammenhält. Doch sie bleiben, – selbst bei aktiver Teilnahme – letzten Endes *unverbindlich*.

Anders dagegen die Rituale des Lebenskreises, wie Hochzeit (Eheleite), Jugendinitiation, Totenehrung und wie hier Namensgebung und Geburtsfeier (Lebensleite). Diese Rituale feiern herausragende Ereignisse im Leben eines Menschen, sie berühren unsere persönliche Ebene ungleich stärker. Sie fordern von den Teilnehmenden auch eine stärkere Bindung untereinander und eine größere Verantwortlichkeit. Sie sind daher *verbindlich* ...

Gedanken zum Titelbild

Achtzehn Jahre sind nun vergangen, seit dieses Bild entstanden ist. Das Bild einer kindhaften Frau, die noch eins ist mit dem Wesen, welches noch vor wenigen Tagen Teil ihrer Selbst war. Weit ab von theoretisch, männlichen Betrachtungen über Mutterschaft, Sex, Partnerschaft, spricht diese Darstellung die klare Sprache von Urkraft, von Bindung, Verantwortung und Loslassen-Können.

Es ruft starke Erinnerungen in mir wach: Gerade mal vor einer Woche habe ich einem neuen Menschen auf diese Welt geholfen. Auf unbestimmte Weise trage ich das Wissen um das Schicksal dieses kleinen Wesens in meinem Herzen. Habe ich einen weiteren Faden in den Webstuhl der Zeit aufgespannt? Jeder Schritt, den ich mache, jede Bewegung, nimmt mich wieder gefangen in die Erinnerung an die Geburt. Für mich ist die Welt noch klein. Die Spirale des Lebens hat erst begonnen sich aufzuwickeln. Ich blute noch, spüre noch das wehmütige Ziehen zwischen meinen Schenkeln, ich trage eine offene Wunde mit mir, bin also selbst offen. Fähig zu wittern was gut ist und was schlecht. Ich weiß, dass ich Leben und Tod zur gleichen Zeit in diese Welt geschickt habe. Ich möchte bleiben in meiner kleinen Welt. Ich brauche Zeit, die Spirale des Lebens aufzurollen. Das Leben ist ein Geschenk, so wandle ich in dieser zeitlosen Zeit, um mich zu bedanken – bei den Ahnen, den Geistern, den Kräften, den Wesen...

Ich lade sie dazu ein, in eine Welt zu reisen, in der sich das Rad des Lebens unaufhörlich dreht, wo sich Paare in ungezügelter Umarmung begegnen und das Leben, das daraus entsteht, mit Dankbarkeit annehmen und mit Stolz wahrnehmen, dass auch sie jetzt im Kreis des Seins aufgenommen sind. Lassen sie sich fallen in den weichen Schoß von Mutter Erde, lassen sie sich von ihrem Herzschlag durchdringen und haben sie Vertrauen in den Lauf der Dinge. (ro)

Zeit und Veränderung

Unsere alte Hauslinde spendet mir Kühlung an einem schwülen Spätsommertag. Meine Gedanken kreisen um das zerbrechliche Zusammenspiel zwischen Mann und Frau. Dabei schweift mein Blick über eine satte, in allen Grüntönen spielende, ruhende Landschaft .Tiefer Friede um mich herum und in mir. Bei diesen Tauchgängen habe ich keine Wünsche mehr. Bin ich, da ich eingetaucht bin, in diesem Frieden, Mann oder Frau? Ich weiß nur, hier bin ich Mensch. Das Grün, in das ich blicke, ist rein, tiefgründig, ehrlich und unabhängig – von mir. Das feine Zusammenspiel zwischen dem Menschenmann und der Menschenfrau gewinnt durch das gleiche Prinzip an Kraft und Reife. Törichterweise stürzen sich viele Paare in einen Abhängigkeitsschlund und verwechseln es mit Liebe. Diese Liebe mutiert dann zu einer hässlichen Fratze und reißt ihnen das Herz aus der Brust.

Meine Gedanken wandern weiter und entdecken Landschaftsbilder, möglich, dass ich an diesen Orten schon einmal war. Flüsse, die aus verschiedenen Richtungen kommen, mit unterschiedlichen Temperamenten, die sich dann kichernd und tosend zu einem Strom in das Tal ergießen. Wir Menschen haben die Möglichkeit, von der Natur zu lernen. Wir können hinaus gehen und die Erde, wie sie ist, beobachten. An den stillen und wilden Orten dieser Welt können wir Tiere und Pflanzen beobachten, wie sie ihr Leben einrichten, wie für sie ihre kleine Welt von höchster Wichtigkeit ist. In der Sprache ihrer Ahnen befolgen sie die uralten Gesetze, um die Kraft spendende Ordnung nicht zu durchbrechen. Menschen wollen diese Ordnung nicht, wollen neue Formen erarbeiten, immer auf der Suche nach dem eigenen Vorteil. Wir haben es dadurch weit gebracht. Doch der eigene Vorteil ist auch immer der Nachteil des Nächsten. So finden wir uns nach der erfolgreichen Suche nach dem eigenen Vorteil mit dem Zynismus des Unglücklichen wieder.

Jedoch wir Menschen können lieben, ein Wegstück gemeinsam gehen, wir können uns an der Hand nehmen und uns gegenseitig über Hindernisse hinweghelfen. Wenn sich der Weg gabelt, blicken wir in beide Richtungen aber verlieren uns dabei niemals aus den Augen. Wir Menschen sind in der Lage, uns genügend Raum zur Erschaffung der eigenen Choreographie zu geben, um diese dann zu einem großartigen Lebenstanz zusammenschmelzen zu lassen.

Wenn sich eine Frau im Auf und Ab ihrer Gezeiten treiben lassen kann, wird sie wissen, wann die Glut der Drachin in ihrem Leib gekühlt werden will. Sie wird in diesem Moment über Leben und Tod entscheiden. Sie wird sich aufbäumen, ihren schlangenhaften Leib in die Unendlichkeit recken und mit ihrem Erdenschrei das Leben zu sich rufen. Momente, die viel zu kurz sind, die wir Menschen fest umklammern wollen, die uns aber der Sog des Lebens aus den Händen reißt. Ist uns Frauen einmal der Anblick der Unendlichkeit gewahr geworden, steigen wir wieder hinab in die Erdkraft und rollen uns ein in die Mitte der Lebensspirale.

Für Männer ein schwer nachvollziehbarer Prozess, glauben sie doch, dass alles so bleibt, wie es ist. Doch der Spender des göttlichen Funkens hat jetzt die Ehre, die wandelbaren Gesichter der Weiblichkeit zu entdecken. In seinem Herzen wird Raum geschaffen, damit sich seine Göttin zur breiten Menschenmutter verwandeln kann. Daher, Ihr Männer, gebt Euren Frauen die Möglichkeit, sich wie eine Bärin in ihrer Höhle auszubreiten! Gebt ihr eure starke Brust zum Anlehnen, eure starken Arme, um sie zu beschützen, euren geschärften Geist, um ihnen ebenbürtig zu

sein! Seid ihr Geliebter, Freund und Vater zugleich, hört auf zu jammern und zu trauern um scheinbar entbehrte Liebe. Euch wird das Mehrfache an Liebe und Dank zuteil, wenn ihr diesen Schritt, diese Prüfung in die höheren Ebenen der Männlichkeit besteht. Ihr könnt euren Frauen keine Schädel von enthaupteten Feinden mehr vor die Füße legen, keine Landstriche mehr erobern, keine Schätze rauben und von entfernten Ufern von Heimweh klagen. Aber ihr könnt gemeinsam mit euren Frauen in den Strom des Lebens eintauchen und mit ihrem Durst nach Neuem und Unerforschtem die Wandlungen der Zeit trinken. Ergötzt euch an der steten Veränderung. Fügt euch dem Sog des Lebens. Stellt dann überrascht fest, dass die Bärin, die sich einst das Recht, ihre Höhle zu sichern, erkämpft hat, aus der sich öffnenden Spirale als Königin hervorgeht und ihr Recht als freie Geliebte einfordern wird. Möglich, dass du, lieber Mann, die Zeiten der Bärin beweinen wirst ...

Also beginne schon jetzt, an deiner Königskrone zu schmieden, damit du dann gemeinsam mit ihr den Thron besteigen kannst. (ro)

Rückblick auf den Verlauf der eigenen Geburten

Es ist jetzt eine Weile her, als ich die Gedanken zu „Zeit und Veränderung" niedergeschrieben habe. Im Sommer ist der Geist von Wärme und Fülle durchflutet. Der Drang zu großen Taten lodert wie ein Feuer in meiner Brust und verleitet mich ebenso zu einer Veränderung, die Zeit braucht. Schwangerschaft ist ein Zustand, der mich auf die Höhe der Grasnabe zurückschleudert und meine Gedanken klärt und ordnet. Jetzt sitze ich im Schutz meiner vier Wände und lasse mich in der Zeit der Rauhnächte durch ein äußeres Feuer im Ofen wärmen. Es ist eine gute Zeit, Rückschau zu halten, von Innen nach Außen durch das Lebensfenster in die vergangene Zeit zu blicken. Dabei denke ich an Sie, liebe junge Mutter, oder werdende Mutter, wie ich jetzt auch eine bin. Erinnerungen an die erste Schwangerschaft, die damit verbundene ungezügelte Freude, der Stolz und letztendlich auch die wachsende Unsicherheit mit der Frage gepaart, wie es denn möglich sein kann, einen fertigen Menschen aus meinem Leib zu pressen...

Damals, vor zwanzig Jahren, waren Krankenhäuser nicht die Traumstätte für eine entspannte, selbstbestimmte Geburt. In München hatte man die Wahl zwischen einer von geschlechtslosen Nonnen geleiteten Frauenklinik, oder einem Krankenhaus, in dem man letztendlich selbst an einen Krankheitszustand glaubte, als an einen der normalsten Vorgänge der Welt. Oder man bewegte sich am äußersten Rand der sozialen Verantwortung und bekam sein Kind einfach zuhause mit einer freifliegenden Hebamme zur Welt. Allerdings konnte man sich dann ganz sicher sein, dass im Notfall, oder nur auch bei der Versorgung eines Dammschnittes, oder Risses, der Arzt seine medizinische Versorgung verweigern durfte. Offensichtlich braucht Veränderung wirklich Zeit, und in diesem Fall hat es sich gelohnt zu warten, denn den jungen werdenden Müttern sind heute fast alle Türen geöffnet worden, um eine ganz individuelle und auf die eigenen Bedürfnisse abgestimmte Geburt erleben zu dürfen. Meine Wahl fiel damals auf eine halbprivate Frauenklinik, in der die Hebammen den Bereich der Geburtshilfe übernahmen. Hier wurde der Arzt nur auf Geheiß der Hebammen gerufen. Ein wunderschöner Ort mit einem gesunden Spannungsfeld zwischen mütterlicher Geborgenheit und väterlicher Distanz (Kontrolle). Bei der Geburt meines ersten Kindes war ich sehr froh über die Führung und Begleitung einer alten, erfahrenen Hebamme. Sie hatte die Gabe, Befehle und Güte in gleichem Maße und zur richtigen Zeit auszusprechen. Dort durfte ich selbst Kind sein, mich zurücklehnen und jammern und zur gleichen Zeit ein Kind gebären. Der schützende Rahmen nahm mir ein Stück Verantwortung ab und ließ mich vollständig in meiner harten Arbeit versinken. Ähnlich bei meinem zweiten Kind, mit dem Unterschied, dass ich von einer jugendlicheren Atmosphäre umgeben war, die dann so aussah, dass am späten Abend der Chefarzt gerufen wurde, der kauend und nach saurem Hering riechend das Entbindungszimmer betrat und wir alle unter entspanntem Lachen unseren Rotschopf begrüßten. Auch die Geburt des dritten Kindes hatte diese vertraute Leichtigkeit, ohne Angst, mit dem Wissen um das, was mich erwartet. Durch einen Umzug bedingt, wurde ich in der vierten Schwangerschaft in meiner seligen Selbstvergessenheit gestört und wurde gezwungen mich um einen neuen Brutplatz zu kümmern. Nichts, was sich mir darbot, war mir recht, nichts kam den schönen Erinnerungen der vergangenen Jahre gleich. Schließlich kam ich an eine

Liste freischaffender Hebammen und entschied, mich bei dem wohlklingendsten Namen zu melden.

Hausgeburt! Nun nahm alles seinen Lauf und die wirkliche Arbeit begann. Der Schwangerschaftsverlauf nahm einen ganz anderen Charakter an. Ich begann meinen Körper besser zu beobachten, machte mir Gedanken über mögliche Schwierigkeiten, über die Situation im Wochenbett, darüber, wer für die anderen Kinder in der Zeit sorgt. Wer soll kochen, wer soll putzen, alles wichtige Dinge, die eine verwöhnte Wöchnerin nicht missen möchte. Plötzlich sind die Konturen meiner Gedanken klar umrissen, keine vollständige Hingabe an fremde helfende Hände, eine vollkommen erdige und bodenständige Kraft wächst in mir heran und lässt mich die Geburt meiner Tochter auf einer sehr realen, konzentrierten Ebene erleben. Es gab keine verklärten Bilder. Die Bilder, die ich bekam, waren klar im Hier und Jetzt zu finden. Bis zum Schluss lag das Schicksal in meiner Hand. Etwas, was ich vorher nie erlebt habe. Zwei Jahre später entband ich meine zweite Tochter im gleichen Zimmer und konnte das erste mal erleben, wie wunderbar beglückend und erfüllend eine Geburt sein kann, wenn man sich die Freiheit nimmt, einfach nur auf die Wellenbewegungen seines Leibes zu hören, Zwiesprache hält mit der herannahenden Brandung in seiner Mitte, die Welt im Außen vergisst und einer meditativen Versenkung gleich der inneren Stimme folgt.

Andere Frauen berichteten mir von ganz anderen Erfahrungen. So eine Erdfrau, wie sie im wahrsten Sinne des Wortes auch ist, bekam ihr Kind, nach einem harten Arbeitstag auf dem Feld, ohne Hebamme und ohne Mann allein auf die Welt. Sie nahm es buchstäblich selbst in die Hand. Sie wusch es nicht, biss die Nabelschnur mit ihren Zähnen durch und versorgte die Augen und die Nasenschleimhäute des Kindes mit ihrem Speichel. Auch sie war erfüllt und glücklich danach und würde es nie anders tun. Eine andere Frau, eher einem Luftwesen gleich, suchte die Zuflucht in einer ganz normalen Klinik, auch sie war erfüllt und glücklich danach und würde es nie anders tun.

Meine Freundin hatte ihre ersten beiden Geburten in weniger angenehmer Erinnerung, doch nach sieben Jahren wuchs der starke Wunsch in ihr, noch einmal ein Kind zu haben. Sie änderte ihre Ernährung, nahm an Gewicht ab und an Vitalität zu, bereitete also ihren Körper und ihren Geist auf die neue Aufgabe vor. Sie erlebte eine unbeschwerte und aktive Schwangerschaft und wurde dann mit einer Bilderbuchgeburt in der Wanne und einer allerliebsten Tochter belohnt. Viele Geschichten könnte ich erzählen, unzählige Empfindungen könnte ich wiedergeben, eines jedoch bleibt gleich; jede Frau folgt ihrem inneren Verlangen, ungeachtet ihrer spirituellen Neigung, ungeachtet ihrer sozialen Prägung. Teilweise können wir Frauen unser Geschick beeinflussen, daran arbeiten, und manchmal müssen wir erst Erfahrungen sammeln um ganz klar herauszuformen, welcher Weg uns zur eigenen Kraft führt.

Meine Gedanken kehren wieder zurück von der Reise in die Rückschau. Das Feuer geht langsam aus, der Raum, in dem ich sitze, gewinnt wieder Kontur, und ich werde mir meiner Aufgabe bewusst, die sich bisher im Nebelreich der Erinnerung bewegte. (ro)

Liebe Kreisende...

Ich blicke in die Zukunft und sehe mich an einem frühsommerlichen Tag von Wehen geplagt, um das Leben eines neuen Menschen kämpfen. Ich weiß genau, was mich erwartet, welcher Schmerz meinen Leib umreissen wird, und dennoch bin ich dankbar, noch einmal diese Urkraft zu spüren, diesen Jahrtausende alten Vorgang zu zelebrieren, an diesem immerwiederkehrenden Prozess teilzuhaben, der mich erneut staunen lässt. Leben ist niemals Wiederholung des bereits Erlebten, Leben zeigt sich jedes Mal neu in veränderter Form. (ro)

...lassen Sie uns dieses Fest feiern!

Bekenntnis und Opfer

„Die Geburt ist die Ankunft eines Menschen … Dieser Neuankömmling muss willkommen geheißen werden; ihr oder ihm muss das Gefühl gegeben werden, an einem Ort angekommen zu sein, wo es Menschen gibt, die ihre oder seine Gaben annehmen werden."

Sobonfu Somé,
vom Stamm der naturreligiösen Dagara, Westafrika

Ein klares Wort an die Männer

Es ist gut möglich, dass ich im Zuge der Arbeit an diesem Buch eine selektive Sicht auf die Dinge entwickelt habe, aber gerade in den letzten Jahren lernte ich eine Vielzahl von euch kennen, die zwar Väter wurden, aber sich nie richtig zu Frau und Kind bekannt haben.

Männer sind ja wahre Künstler, wenn es um Ausreden geht: *„So eine Feier ist doch heute unzeitgemäß, da mache ich mich ja lächerlich."* Oder *„Mein Beruf lässt mir dafür keine Zeit, und außerdem finde ich das ganze heroische Getue etwas antiquiert."* Oder *„Das brauchen wir nicht, das Kind ist ja Zeuge genug für unsere Liebe."* Oder am besten *„Ich habe ja am Standesamt schon unterschrieben, was soll ich denn noch mehr bezeugen?"*

Männer sind auch gerne mal Drückeberger, wenn es verpflichtend wird – und leider finden sie in unserer modernen verweib- wie verweichlichten Gesellschaft darin auch jede Menge Unterstützung sowie vorgefertigte Phrasen. Unser Mut vergeht oft noch schneller als das Nachspiel und die Trommeln zu Beltaine schlagen oft kraftvoller als unser Herz, wenn es wirklich darauf ankommt.

Doch es geht um Dinge, die heute vielfach aus dem Blick geraten sind, deren Verlust wir aber schmerzlich merken. Es geht um Lebensfreude, Lebenssinn, um die Vermittlung von Werten und die Aufrechterhaltung von Ordnung (im spirituellen Sinne verstanden, nicht als verwaltungstechnischer Begriff gesehen). Es geht um Verwurzelung und so etwas wie Heimat, es geht um Gemeinschaft und die Geborgenheit darin. Und es geht um Veränderung in unserem Leben und auch darum, wie wir damit umgehen, ob wir es zulassen, wie wir uns darauf einstellen: ja, auch darum, diese Veränderung öffentlich kundzutun und diese Freude mit anderen Menschen zu teilen und zu feiern!

Ihr habt neues Leben gezeugt, ihr liebt, ihr habt am Rad des Lebens gedreht.

Also feiert!

Zieht Väter und Großväter zu Rate!

Bittet Mütter und Großmütter um weisen Rat und helfende Hand!

Baut an der Kraft der Familien und Kreise, die Werte setzen, Werte leben. Erweckt die Lust und die Notwendigkeit darauf!

Feiert das Leben!

Plakat der Tankstellenkette JET aus dem Jahr 2003
„Vom Zeitgeist verhöhnt und als schwachsinnig gebrandmarkt: die (kinderreiche) Familie"

Der Schlüssel liegt in der Hand der Frau!

Werfen wir den Blick weit zurück und holen uns Rat aus mythischen Zeiten.

Lat, die milchgebende Göttin (vgl. ital. Latte = Milch) des prä-römischen Latiums, ist die Namensgeberin für das Latifundium. Damit ist das Land gemeint, welches den Frauen von der Göttin zugeteilt wurde und über welches jene herrschten.

Die Griechen nannten das Land, das den Tempel umgab, *temenos*, „Land, das dem Mond gehört". Da aber jedes Haus einer Frau gleichzeitig ein Tempel der Großen Göttin war, sah man das zugehörige Land in weiblichem Besitz. Das englische Wort für Erbe (*heir**) leitet sich aus dem griechischen Wort *here* oder *Hera* ab, der Bezeichnung für eine Landbesitzerin.

In Babylonien war die Mutter immer auch „Göttin des Hauses", in Indien wird die der Matriarchin zugedachte Bezeichnung *grhadevata* mit „Hausgöttin" übersetzt. Die Irokesen ließen die Verträge für Landverkäufe an die US-Regierung stets von ihren Frauen unterzeichnen, denn diese waren die „Herrinnen der Scholle".

Aus dem Wort *cunnus* (lat. für Vagina) leitet sich das gotische Wort *Kuni* ab, welches „Stamm, Geschlecht, Herkunft" bedeutet. Kuna (sanskrit) heißt Frau bzw. Schöpferin, unser Wort König (von Kunig) geht auch darauf zurück. Das engl. Wort *Lady* führt sich auf die angelsächsische Bezeichnung *hlaf-dige*, die Brotgeberin, zurück. *Hlaf-ward* dagegen, also der „Herr", ist der Hüter des Brotes. Daran erinnert

---

* *heir-raten* könnte also auch heißen „das Erbe sichern", *Heir-rat* könnte auch den „Erben-Rat" meinen.

uns auch das engl. Wort *husband* (Ehemann), „ein an das Haus Gebundener" (Walker). In einer Zeit, als Haus und Land noch matrilinear vererbt wurden, war der *husband* ein Haus- und Statthalter, welcher den Besitz der Frau verwaltete.

Die Matriarchatsforscherin Barbara Walker schreibt, dass in den matrilinearen Sippen der vorislamischen Zeit die arabischen Ehemänner solange keinen eigenen Namen hatten, bis sie Kinder gezeugt hatten. „Dann erst durften sie sich *abu*, Vater des …, nennen."

Weit davon entfernt, einem neuen Matriarchat das Wort zu reden – vielmehr finde ich eine über Matriarchat und Patriarchat hinausweisende Synthese viel spannender – bleibt der Ausruf von Barbara Walker bestehen: „Männer sollten vielleicht dazu erzogen werden, die Vaterschaft als ein Privileg anzusehen, das sie sich verdienen müssen, und nicht als ein Recht, das sie missbrauchen dürfen."

Von den Christen wissen wir, dass sie der Ehe lange Zeit äußerst ablehnend, ja sogar feindlich, gegenüberstanden und sie erst sehr spät zum Sakrament erklärten (im 16. Jahrhundert). Die zeremoniellen Formen bzw. die Liturgie entlieh die Kirche zwar dem heidnischen Brauchtum bzw. dem Gewohnheitsrecht, doch wandelte sie im Laufe der Zeit die Ehe selbst in ein Herrschaftsinstrument des Mannes über die Frau um, welches nicht nur religiös, sondern auch juristisch – bis heute – zementiert wurde.

Doch ist die Ehe weder Gefängnis, Sündenpfuhl noch Machtinstrument des Mannes, sondern vor allem eine lust- wie leidvolle Gelegenheit erwachsen zu werden.

Nach Walker lehrten orientalische Mystiker, „dass jeder Mann spirituell unvollkommen sei, bis er *bhanavanan* kennengelernt hatte, die Ehe, die ihn mit der Göttin als *bhavani* oder *Existenz* verband." Bei den frühen Israeliten blieben Männer ohne Ehefrauen vom Priesteramt ausgeschlossen. Nur die Ehe mit einer *flamenica* bürgte für die spirituelle und priesterliche Autorität des *flamen dialis*, des römischen Hohepriesters. Und bei den Kelten galt nur derjenige Barde als Meister der Poesie und der heiligen Lieder, wenn er die „Reinheit des Ehestandes" besaß.

Aber keine Angst: die geistige Entwicklung des Mannes ist nicht davon abhängig, dass er sein ganzes Leben am Rockzipfel von Mutter, Geliebter oder Ehefrau verbringt. So soll die Ehefrau des Spartaners Leonidas auf die Bemerkung eines griechischen Patriarchen („Ihr aus Lakedaemon seid auf der Welt die einzigen Frauen, die über ihre Männer herrschen.") geantwortet haben: „Wir sind die einzigen Frauen, die Männer hervorbringen!"

Wenn heute in den naturreligiösen Hochzeitszeremonien der Bräutigam der Braut einen Schlüssel überreicht, so ist damit nicht nur die Herrschaft der Frau über das Haus (also das Materielle) rituell bekräftigt, sondern auch deutlich gemacht, dass der Mann der Frau den Schlüssel zu seinem Herzen und seiner seelisch-spirituellen Entwicklung übergibt. Dann – und nur dann – wird aus einer normalen Hochzeit eine – nämlich die – Heilige Hochzeit von Gott und Göttin!

Also Männer, ihr wollt Könige sein!

Dann lasst euch sagen, dass man eine Königin nicht besitzen kann. Doch man darf sich stolz wähnen, an ihrer Seite stehen zu dürfen.

Eine Frau hat viel zu geben, aber es gibt nichts bei ihr zu holen (*frei nach* www.ulrikerist.com).

Und deshalb ist es weniger eine „Forderung nach ..." als ein „Bekenntnis zu ...", was von euch verlangt wird.

Bekennermut im Kreis der Gemeinschaft

„Nenne es einen Clan, nenne es ein Netzwerk, nenne es einen Stamm, nenne es eine Familie. Wie immer du es auch nennst und wo immer du auch sein magst, du brauchst es."

Jane Howard, *Families*

Du Mann, du hast mit einer Frau ein Kind gezeugt. Welch wunderschönes deutsches Wort ist dieses „zeugen", und wie eng hängt „bezeugen" damit zusammen. Unsere eigene Sprache enthält oftmals genau das, was wir wissen müssen, sie zeigt, was aus unseren Handlungen entsteht und was es nach sich zieht. Wenn wir wieder lernen hinzuhören, hinzuspüren in den Klang hinter dem Wort, erfahren wir von alleine, welche Schritte uns auf den richtigen Weg bringen.

Deine Frau hat Zeugnis gegeben, indem sie es zuließ, dass du mit ihr und in ihr neues Leben erschaffen durftest. Sie hat dich (und keinen anderen) erwählt, dies zu tun. Frauengleichstellung und Ganztageskindergarten hin oder her – sie hat auch voller Vertrauen die Zukunft zweier Menschen in deine männlichen Hände gelegt. Sieh in ihr Gesicht nach der Entbindung. Lies dort, was Hingabe ist. Schaue ihr in die Augen – und halte diesem Blick stand. Ahne, wie eng sie mit dem Tod getanzt hat. Streichele ihren Körper. Spüre in deinen Fingerkuppen, welche göttliche Verwandlung da vor sich geht. Hier liegen zwei neue Menschen vor dir, erschaffen aus Lust und Liebe, transformiert durch Schmerz und Tränen, geboren aus Schweiß und Blut. Welch ein Zeugnis geben diese Frau und dieses Kind für dich? Und du, Mann, jetzt frage ich dich, welches *angemessene* Zeugnis willst *du* geben?

Prüfe dich genau! Welche Rolle wirst du jetzt einnehmen, welche Aufgaben willst du übernehmen in dieser neuen Konstellation?

Diese Frau hat geboren, sie ist Mutter geworden. Sie ist jetzt Mutter deines Kindes, aber nun nicht mehr deine Ersatzmutter. Dein *Mäuschen*, dein *Hasi* ist jetzt nicht mehr Geliebte, die dir allzeit zur Verfügung steht. Sie ist Mutter geworden, damit im wahren Sinn des Wortes Frau und dein Weib. Sind dir diese Veränderungen bewusst? Kannst du damit umgehen? Was gewinnst du, was verlierst du? Ist dir klar, dass auch du einem Prozess unterworfen bist, der dich verändern wird? Sagst du *Ja* zu dieser Initiation ins wahre Mann-Sein? *Ja* zu dieser echten lebendigen Initiation in die Weisheit dessen, was Familie, Sippe, Heimat und Ahnenlinie bedeuten? Was sie unseren Altvorderen in deren Zeit und Lebensumstand bedeutet haben, was sie dir heute in deiner modernen Welt wieder bedeuten können?

Setze dich zusammen mit anderen Männern in den Kreis ums Feuer, lasse den Sprechstab kreisen, befrage Familienväter, höre den Rat der alten Männer, der Groß-väter.

Einen solchen Kreis gibt es nicht? Du kennst keine Männer, mit denen du über diese Themen sprechen kannst? Na dann, Mann, wird es höchste Zeit, dass du Zeugnis ablegst. Auch darüber, dass du diese Sehnsucht hast. Dass du diese Ge-meinschaft von Männern suchst, damit du dich austauschen kannst. Nur suchst du nicht das bezahlte Wochenend-Kuschel-Seminar, wo du im Kreis von dir unbe-kannten Männern mal ein bisschen klagen darfst, sondern die echte, die lebendige Gemeinschaft von Männern allen Alters. Eine solche Gemeinschaft kannst du nicht mit Geld kaufen. Eine solche Gemeinschaft musst du mit deinem eigenen Wesen begründen, mit deinem Engagement bezahlen, mit deinem authentischen Sein Leben einhauchen. Jetzt und in allen folgenden Tagen, Wochen, Monaten und Jahren immer wieder. Das kostet Opfer. Aber nur so entsteht die Gemeinschaft, die du brauchst. Diese Gemeinschaft wird im besten Falle aus Männern deiner Familie und denen deiner Frau bestehen, aus Männern deiner Sippe oder deines Clans und sicher auch aus vielen Männern deines selbstgewählten Männer-Kreises. Und dann kommen die Frauen aus den unterschiedlichen Kreisen und ergänzen diesen Kreis. Dann kommen immer wieder neue Kinder nach, junge Mädchen erhalten ihre Feier zu ihrem ersten Mond, die Jugendlichen erfahren aus diesem Kreis ihre Jugendlei-te, Hochzeiten werden gefeiert, die Kreise, die Sippen, die Clans vermischen sich, verweben sich zu einem starken Netz, Alte sterben in dieser Geborgenheit und im Wissen darin, dass sich die Kreise weiterweben und sie den Neugeborenen Sicher-heit und Schutz gewähren, Totenfeiern ehren die Alten nach eigenem Ritus und eigenem Gesetz, … und wieder werden neue Kinder geboren … und wieder legen junge Männer Bekenntnis ab vor der Gemeinschaft!

Sie stärken damit diese Gemeinschaft, sie zeigen den Großmüttern und Großvä-tern, wie sie das Netz weiterspinnen, sie zeigen den anderen Müttern und Vätern, dass sich nun eine neue Familie in diesen Kreis einwebt, sie zeigen den Mädels und den Burschen, für welche Werte und welchen Sinn die Frauen und Männer dieser Gemeinschaft stehen. Die bekennenden und zeugenden Männer erschaffen damit Kultur, Spiritualität und Authentizität. Sie bekämpfen damit auf ihre Weise und zu diesem Zeitpunkt alles, was Gemeinschaft, Familie und Sippe in Frage stellt, bedrängt und zu zerstören droht. Sie stehen für Eindeutigkeit statt Beliebigkeit, sie stehen für Klarheit statt Halbherzigkeit, sie stehen für Verbundenheit statt Verein-zelung, und sie stehen auch für lust- und sinnvolles Feiern in Gemeinschaft statt der sinnentleerten Partykultur der *Unverbindlichen*.

Mit der Feier der Lebensleite wird Opfer (im Sinne von Hingabe und der Bereit-schaft der Frau zu einer tiefgreifenden persönlichen Transformation), (Über-)Leben

„Es braucht ein ganzes Dorf, um ein Kind großzuziehen. Genauso wahr ist: Es braucht ein ganzes Dorf, um für die seelische Gesundheit der Eltern zu sorgen."

Sobonfu Somé

und Gesundheit von Mutter und Kind gefeiert und als Mann bekennt man sich zu seiner Verantwortung dieser Frau und diesem Kind gegenüber, man bekennt sich zu seinen Rechten und Pflichten in diesem großen Kreis von anderen Frauen und Männern. Man(n) zeigt Bekennermut, und stärkt die Gemeinschaft dadurch neu. Die anderen Männer nehmen den bekennenden Mann in die Pflicht. Lebendiges und gelebtes Vorbild wird erzeugt. Und durch die ewige Wiederholung dieser Feste wird ein starkes Band gewebt von den Ahnen über uns Lebende in die Zukunft der sieben Generationen nach uns. Dieses Band stiftet Lebenssinn, bekräftigt den Mut, baut auf wenn man zweifelt, fördert wahrhaftige lebendige Ehen, lässt tiefe Vertrautheit zu, schenkt dadurch Frieden, kurz: setzt Werte und schützt Gemeinschaft! Unsere Kinder brauchen diese Gemeinschaft an erwachsenen Vorbildern, die man früher Base, Mentor, Oheim oder Großmutter nannte, also Menschen, die die Erziehung mittragen und die sich verantwortlich fühlen, denn so wie die Kinder den Eltern nicht gehören, sondern über das Lebens-Netz in die Gemeinschaft eingebunden sind sowie dort hineinwirken, hat auch die Gemeinschaft eine Erziehungsaufgabe gegenüber den Kindern.

Die mehrfach zitierte Sobonfu Somé schreibt in ihrem sehr lesenswerten Buch „Die Gabe des Glücks", dass ein solches Bekennen in ihrer Heimat nicht nur die Mitmenschen einbezieht, sondern auch abgelegt wird „gegenüber den spirituellen Kräften … und den natürlichen Kräften, die beide umgeben – Erde, Wasser, Berge, Bäche, Tiere, Felsen, Feuer, Bäume und so weiter … Die Menschen erneuern ihre Beziehung zu allem, was sie umgibt."

Aber um das zu erreichen, sind wir als Männer gefordert. Uns obliegt die Aufgabe, durch unser tätiges Bekennen den äußeren Schutzkreis um den heiligen zarten Keim zu ziehen, den die Frauen mit ihrem leiblichen Opfergang geschaffen haben. Dieses Bekennen muss von uns immer wieder geleistet werden, in den Feiern des Jahreskreises genauso wie in den Zeremonien im Lebenskreis. Immer und immer wieder, stetig, ehrlich und kraftvoll, von jedem einzelnen Mann, zu jedem Ort und jeder Zeit – und beginnend nicht morgen oder irgendwann, sondern: jetzt!

Die Wahl des Ortes

Nicht mehr lange und sie können ihr Kind in ihren Armen halten. Ihr Bauch scheint nicht mehr Teil von ihnen zu sein, und doch bestimmt er ihren Rhythmus, ihren Schlafstil, ihre Atmung, ihre Essbedürfnisse und ihre Gedanken. Noch kann ihr Kind schwimmen, zwischen den Welten, schwerelos, sorglos, ahnungsvoll. Mit einer gewissen Ruhelosigkeit wandeln sie von einer Aufgabe zur anderen. Wichtige Arbeiten werden noch erledigt. Wer weiß, ob sie nach der Geburt noch dazu kommen werden ...

Der Gedanke an die Geburt übersteigt ihre Vorstellungskraft. Der Wunsch nach einer erfahrenen Person an ihrer Seite wächst. Sie haben viel gelesen über vor- und nachgeburtliche Eindrücke ihres Kindes. Sie sind bestens informiert über alle möglichen Gebärhaltungen, Stellungen, Bälle, Hocker, Seile, Wannen, et. Es ist gut, Wissen zu haben, besser ist es jedoch, mit diesem Wissen die Dinge einfach geschehen zu lassen. „Die Dinge kommen immer anders als man denkt", ist ein gern gesprochener Satz von meiner alten Hebamme.

Lassen sie mich einen Gedankengang mit ihnen teilen, der im Laufe meiner eigenen Mutterschaft gewachsen ist: Wir Menschen neigen leider dazu, Verantwortung abzugeben, fehlerhafte Ergebnisse einem anderen Verantwortlichen zu übertragen. So machen auch wir Frauen teilweise das Krankenhaus, den Arzt, die Hebamme für eine unbefriedigende Geburt verantwortlich. Wir glauben, dass wir dieser unbefriedigenden Erfahrung entgehen können, wenn wir ganz bewusst allen Störfaktoren aus dem Wege gehen, indem wir ganz gezielt die sichere medizinische Versorgung einer Klinik auswählen oder wir uns bewusst in das eigene Bett zurückziehen. So oder so ist es ganz gleich, wie wir uns entscheiden, denn das sind die Entscheidungen, die wir im Außen treffen. In jedem dieser Fälle, geben wir Verantwortung ab. Lassen sie sich dazu ermutigen, die über Jahrhunderte anerzogene Unmündigkeit der Frauen abzustreifen. Schlangengleich. Versuchen sie, das schlummernde Wissen der Urfrau, der Ahnfrau, in jeder Faser ihres Körpers fühlbar, greifbar zu machen. Wagen sie einen Versuch und stellen sie sich, so schwer und rund wie sie sind, auf die Erde, den Blick und die Arme in die Unendlichkeit gerichtet, und stehen sie als Leben tragende Frau in der Mitte ihrer Kraft.

Rufen sie die Stärke, den Überlebenswillen, den Glauben an die Urkraft von allen weiblichen Wesen dieser Erde zu ihnen. Folgen sie dem Drang ihres Leibes und sie können an jedem Ort dieser Erde ihr Kind begrüßen. Machen sie sich frei von der Geißel des guten Benehmens. Beim Anblick ihrer wilden, zügellosen Gebärden wird ihr Partner in eine neue Form der Liebe zu ihnen und zu dem gemeinsamen neuen Leben tauchen. Der Großen Mutter sei Dank, dass wir Frauen während der Geburt unserer Kinder an einem Punkt ankommen, an dem jede Scheu, jede Scham ausgeschaltet wird. Das wahre Wesen der Frauen wird hier für kurze Zeit sichtbar. Still und weich, laut und mächtig, zögernd und unsicher, klagend und einsam, sich selbst beweinend und hilfesuchend, zornig, selbstbestimmt und frei. Dort angekommen, gehen Frauen durch eine Lebensschule, die uns lehrt, dass es nur noch den Weg nach vorne gibt. Umkehren ist der Tod. An diesem Punkt angelangt, ist es uns gleich, ob wir auf Moos hocken oder auf einem sterilen Bett. Alles Leben hängt jetzt an unserer Kraft und somit auch am seidenen Faden. Dieses Bewusstsein gebiert die heilige Macht, gepaart aus Gewalt und Hingabe, aus der jedes Leben hervorgeht.

Felsbild, Tassiligebirge, Sahara
(Jungsteinzeit, ca. 10.000 Jahre alt)

Wenn sie das Bedürfnis haben, während der Geburt professionell begleitet zu werden, ist das ihr gutes Recht, und sie sollten es sich von niemandem streitig machen lassen. Wenn sie den Wunsch haben, auf dem Fell vor ihrem Kamin, bei Kerzenlicht, guter Musik und einer warmen helfenden Hand ihr Kind zu gebären, ist das ihr gutes Recht und sie sollten es sich von niemandem verwehren lassen. Und wenn sie in letzter Minute doch nicht den Ort ihrer Wahl erreicht haben und ihr Kind im Wettlauf mit der Zeit in ihre eigenen Hände gleitet, müssen sie dankbar sein für dieses kurze Sternenleuchten, denn dann sind sie gerade von der Schabernack treibenden Clownfrau und ihren wehenden Röcken berührt worden. Sie erinnert uns Menschen an die Zerbrechlichkeit der äußeren Welt, an die Vergänglichkeit der Materie. Sie wollte nur mal sehen, ob unsere innere Welt, unser Herz, ein lebendiger, mit Vertrauen und Liebe gefüllter Ort geblieben ist ... (10)

Hinweis zu den folgenden Seiten: wie bereits auf Seite 6 angesprochen, hat dieses Buch keine einheitliche Linie, kann es nicht haben und will das auch gar nicht. Das naturspirituelle Leben in unserer Gesellschaft bezieht seine Kraft und Ausprägung aus vielen Szenen, Trends, Kulturen, Traditionen, ehrfürchtig Übernommenem und frech Hinzugefügtem. Aus solch einem unübersichtlichen Kuddelmuddel lässt sich zwar keine nach außen machtvolle Kirche bauen wie wir das von den monotheistischen Buchreligionen kennen, aber es schenkt uns eine fröhlich-lebendige Spiritualität, die an jedem Tag neu aus unseren Herzen geboren wird. Wir versuchen daher das Gemeinsame heraus zu destillieren, aus dem sich dann jeder – nach Zugabe keltischer, germanischer, indianischer, magischer oder matriarchaler Kräuter – seinen eigenen Schnaps brauen möge. Entdecken sie nun mannigfaltige Widersprüche, vor allem zwischen patriarchaler und matriarchaler Sichtweise auf die Dinge, so hat das historische Gründe und ist absichtlich so zusammengestellt. Wir wollen kein System mit absoluten Wahrheiten bedienen, sondern sie zu eigenen Gedanken anregen und ihnen verschiedene Standpunkte zeigen. Auch wir befinden uns auf unserem eigenen Pfad, und wir ermutigen sie hiermit, ihrem eigenen Weg einfach weiter zu folgen. Nur ihr Herz ist die Landkarte dazu!

HGoyn Inuen. et ex.

Submissus reuerà animis post horrida bella
Paci aureæ dux aureus;

8

H. Protiu.

Die große Mutter in den Hochkulturen

Es entbehrt durchaus nicht einer gewissen Notwendigkeit, sich in einer Zeit der allgemeinen Sprach- und Bedeutungsverflachung einige sprachliche Zusammenhänge wieder in Erinnerung zu rufen. Wir haben deshalb nachfolgend eine kleine Auswahl davon zum Thema aufgelistet, empfehlen aber zur Vertiefung u.a. Barbara Walker: Das geheime Wissen der Frauen, Arun.

Ma: indoeuropäische Sprachsilbe; milchgebende Mutter, aber auch „Geistigkeit" oder mütterliche Kraft

Maat: ägyptische Göttin der Wahrheit und Gerechtigkeit

Ma-Bellona: anatolisch, Mutter

Macha: irische Große Königin; Emain Macha ist das irische Heiligtum in Ulster, das „Mond"-Land der Mutter Macha = „Land des sich erneuernden Mondblutes der Großen Mutter" (Walker)

Macha Alla: Mutter von Tod und Leben, zentralasiatische Mondgöttin

Mader-Akka: samische Stammmutter

Madri: Göttin der Erleuchtung im tantrischen Buddhismus

Maerin: nordeuropäische Göttin; vgl. sächsisch Wudu-Maer, die Göttin des Haines oder Wald-Marie; vgl. keltisch Marian, die Frau von Robin, dem Gehörnten

Mah: iranische Mondgöttin (Al-Mah = der Mond), Quis-Mah = arabisch für Schicksal

Maha-Nila-Sarasvati: „Große Blaue Flussgöttin", Mutter der Wasser im Hinduismus

Malinalxochitl: aztekische Urmutter

Mama, Mami, Mammitu: Name der Großen Göttin in Sumer und Akkad

Ma-Ma: Mutterbrust; die Gebende (vgl. dazu Am-Am, ägyptisch für „Die Verschlingerin", die Seelenfresserin, die Nehmende

Mama Locha, Mama Quilla, Mama Luna: Name der Großen Göttin in Süd- und Zentralamerika

Mamaki: trantrische Göttin = befruchtendes Wasser, Geist der „Fruchtbaren Wasser"; auch Mutter Kali; vgl. Kali-Ma = dunkle Mutter, Trias Schöpfung-Bewahrung-Zerstörung im Hinduismus; Kali ist der Archetypus der Mutter, die mit der Geburt auch den Tod bringt, „sie ist Schoß und Grab, Lebensspenderin und Verschlingerin ihrer Kinder" (Walker)

Mamaloi, mambo: Voodoo, Große Göttin

Mammisi: Mutterschaftstempel, Ägypten

Mammon: hebräisch, urspr. für Reichtum, also das „reiche Strömen aus dem unerschöpflichen Brüsten der Großen Göttin" (Walker)

Mamokoriyoma: Urmutter der Yanomami (Amazonas)

Man: altnordisch für Frau, vgl. woman (engl.); sanskrit für „Mond" und „Weisheit", vgl. mana; Isle of Man = Insel der Mondgöttin

Manasa-Devi: bengalische Mond- & Schlangengöttin

Manat: arabische Mond- & Schicksalsgöttin

Manavegr: skandinavisch, Mondweg

Manes: römische Ahnengeister

Mansongr: „Frauen"- und Liebeslieder an die weibliche Kraft des Mondes, gedichtet von nordischen Skalden

Mara: Göttin, todbringende Alte

Mari: Grundname der Großen Göttin (chaldäisch marratu, hebräisch marah, persisch mariham, christlich Maria)

Matabrune: poetisch für Brunhilde = brennende Mutter

Matet: ägyptische Göttin des Wachstums und des Werdens

Matra: sanskrit, vgl. griechisch meter für „Mutter" und „Messung, Mathematik = „Mutter-Weisheit"; vgl. Demeter, griechische Göttin, *meter* bedeutet „Mutter", *de* steht für das Dreieck des weiblichen Geschlechtsorgans. Barbara Walker schreibt hierzu: „In Mykenä … repräsentierten die Kuppelgräber mit ihren dreieckigen Eingangspforten, ihren kurzen scheidenartigen Durchgängen und ihren runden Wölbungen den Mutterleib der Göttin, den Schoß der Wiedergeburt."

Mourdad-Ameretat: persisch für „Tod- und Wiedergeburt"

Omikami Amaterasu: oberste Sonnengöttin in Japan

Die Lebensleite

Ursprung und Überlieferung

Gleichlaufend mit dem Rechtsakt der Anmeldung und der Eintragung des neugeborenen Kindes beim Standesamt bedarf es auch der feierlichen Handlung, um den Eintritt des Neugeborenen in den Sippenverband entsprechend zu begehen.

Sehen wir uns doch einmal an, wie unsere Ahnen darüber dachten: Jan de Vries berichtet uns über die germanische Anschauung, dass das neugeborene Kind erst dann ein vollgültiges Glied der Sippe ist, wenn an ihm einige wichtige Zeremonien vollzogen worden sind. Das Kind hat vorher „für die Familie keine Daseinsberechtigung und wird sogar nicht als ein lebendes Geschöpf betrachtet". Das führt dann soweit, dass die Aussetzung eines kranken oder behinderten Kindes in diesem Sinne nicht als Mord galt, „denn dieser kann nur an jemand verübt werden, der durch den Aufnahmeritus als Glied der Sippe anerkannt worden ist". Den Brauch des Aussetzens finden wir bei allen archaischen Völkern und Gesellschaften. Bei den Germanen (aber auch bei den Spartanern) war er z.B. so fest verwurzelt, „dass die ältesten christlichen Gesetze das Aussetzen und Töten von missgestalteten Kindern noch erlaubten" (de Vries: Altgermanische Religionsgeschichte). Dies ist aus archaischer Sicht heraus auch verständlich, denn „die Geburt bringt zwar das physische Leben hervor, aber dieses ist noch nicht fertig, noch nicht bewährt, noch nicht fähig, den Kampf des Daseins zu bestehen" (Kirchgässner: Die mächtigen Zeichen – Ursprünge, Formen und Gesetze des Kultes). Vielmehr muss man es als entworfenes Leben ansehen, welches erst in Beziehung zur Mitwelt gesetzt werden muss, will es als wahrhaft menschliches Leben Bestand erhalten. Auch bei Kirchgässner finden sich Stellen, die uns darüber Auskunft geben: „Erst durch den Akt der Erwählung wird es aufgenommen in den Kreis des vorhandenen Lebens. ... Die Aussetzung eines Neugeborenen und der Kindesmord sind ein Zurückschicken", welches bis zu diesem Augenblick noch erlaubt ist. Haben aber die Eltern das Kind vom Boden aufgehoben, im Wasser geweiht und mit einem Namen benannt, so ist ein Zurückschicken nicht mehr möglich. Durch die heiligen Handlungen wird dem Neugeborenen das Lebensrecht im eigentlichen Sinn übertragen und ihm die „Kräfte des eigenen Lebenskreises" zugeführt.

Geburtsfeier heute

Mag dies auf den ersten Blick auch grausam anmuten, so wurzelt die gängige Abtreibungspraxis doch genau in diesen Anschauungen. Wir haben lediglich den Zeitpunkt der Tötung um einige Tage nach vorn verlegt – mehr nicht! Ist nicht das Fehlen traditionell leistungserprobter Gemeinschaften und ihrer sozialen Netzwerke – die ursprünglich als Familie, Sippe und Clan geehrt wurden – der entscheidende Grund dafür, warum so viele Frauen den Mut verlieren und für ihre Kinder den Hort des Friedens, der Liebe und des Lebens nur im Tod, im Abort sehen? Und wenn dem so ist, dann stehen gerade wir heute vor der bedeutenden Aufgabe, moderne tragfähige soziale Netzwerke mit authentischem Leben zu füllen. Die Geburt und die damit verbundenen religiösen Zeremonien sind ein erster wichtiger Schritt in diese Richtung.

Diese Riten tragen mehrere Namen, z.B. Namensgebung oder Geburtsfeier. Wie wir noch sehen werden, sind diese Bezeichnungen nicht zutreffend genug, um die komplexe Zeremonie, die der Sippenaufnahme vorausgeht, ausreichend zu beschreiben. Wir halten vielmehr den Begriff der Lebensleite für passender und aussagekräftiger. Da die Zeremonie oder der Ritus die Aufgabe hat, die Sippe zur Aufnahme des Neugeborenen an einem Ort zu versammeln und sie zu einer gemeinsamen Handlung und zur Zeugenschaft zusammenzufassen, die das neue Leben *in die Zukunft leiten* soll, drückt der Begriff Lebensleite dieses Vorgehen genauer aus, als die Begriffe Namensgebung oder Geburtsfeier. Die Namensgebung selbst stellt ja vielmehr nur einen Teil dieses heilig-heilenden Brauches dar, und dem Begriff der Geburtsfeier fehlt die notwendige *Tiefe*, denn es soll eben nicht nur die Geburt gefeiert, sondern die Aufnahme eines neuen Menschen in die Gemeinschaft geregelt werden. Die Lebensleite ist ein Familien- und Sippenbrauch und findet statt, wenn die Mutter wieder bei Kräften ist. Die Lebensleite fasst die folgenden wesentlichen Teile in einem Ritual zusammen: die Wasserweihe, die Namensgebung, die Ehrung des Mutterkuchens (Plazenta, griechisch für „flacher Kuchen"), die Übergabe der Treumundschaft und die Pflanzung eines dem Neugeborenen geweihten Baumes.

Anregung für ein heilig-heilendes Ritual

Die Lebensleite ist ein großes Ereignis, an dem viele Menschen teilnehmen sollen, und so bestimmt die Mutter den Zeitpunkt der Zeremonie, gemessen an ihrer Bereitschaft unter Menschen sein zu wollen.

Das Vergraben der Nachgeburt und das Pflanzen des Baumes darauf gehört – nach meinem Empfinden – nicht in dieses große Fest. Dies ist der Teil, der ein bis zwei Tage nach der Geburt des Kindes mit dem Kern der Familie vollzogen werden sollte. Mit diesem Akt ist der Geburtsprozess beendet. Die ursprüngliche Nahrung und Heimat des Kindes wird liebevoll der Erde übergeben und nährt den jungen Baum, der als sichtbare und greifbare Nahrung auf seelischer Ebene für das Kind heranwächst. Für mich als Mutter war dies der Moment der vollständigen Abnabelung. Heilig und heilend. Das Irdische und Bodenständige dieser Handlung bedarf keiner Worte. Alles ist unmittelbar und notwendig.

Die Lebensleite, also die rituelle Handlung, die das Kind in das Leben leitet, es mit dem schönen pulsierenden Leben und den Menschen bekannt macht, ist gleichzeitig für die Mutter ein Erinnern und Verabschieden des Schmerzes, der nicht nur auf körperlicher Ebene stattfand. Jetzt kann sie freudvoll ihre wiederkehrende Kraft begrüßen und leichtfüßig am Tanz des Lebens teilnehmen. Warten sie daher nicht allzu lange, damit die Erinnerung nicht verblasst. Wählen sie eine Jahreszeit, in der die Natur Mitgestalterin sein kann und versuchen sie draußen zu sein, um auch den Lebensbaum zu ehren und zu weihen.

Die folgenden Punkte zur Gestaltung eines Rituals sind nur Anregungen. Entscheidend ist ihr Herz, ihre Phantasie, ihr Erfindergeist. Reihenfolgen können verändert werden, Elemente herausgenommen werden. Nur sollten sie immer einen klar erkennbaren Anfang und ein spürbares Ende setzen. Wählen sie zarte, fröhliche Musik. Schön ist es, wenn jemand Harfe spielen kann, dazu Flöte, Geige, etc. ...

Betreten des Feierraums oder gemeinsamer Gang zum Feierplatz

... der Raum ist mit Kerzenlicht beleuchtet; die Kerzen des Familienleuchters brennen; die Gemeinschaft der Feiernden zieht in den Feierraum ein; ein Kreis entsteht ...

Musikstück – Meditation – Einstimmung

Begrüßung der Gemeinschaft

... auch aller Wesen und Kräfte; diese Aufgabe übernimmt die Person, die Hüter und Bewahrer des Platzes ist; der Schutzkreis kann aus getrockneten Blüten und Kräutern gezogen werden, die in der Zeit der Schwangerschaft gesammelt wurden; Worte des Dankes ...

Gemeinsames Lied

... es bildet sich ein Ring aus Gesang und Stimme um das Kind und die Eltern ...

Ein Elternteil erzählt

... zur Einstimmung und Vorbereitung des Rituals; wenn möglich durch eigene poetische Worte eine kleine Geschichte erzählen; er/sie steht dabei neben der geschmückten Wiege, in der das Neugeborene liegt;

sollte das Kind nicht ruhig genug sein, so darf die Mutter das Kind selbstverständlich in den Arm nehmen und stillen ...

Wasserweihe

... je nach Ausführung der Weihe steht ein geeignetes Gefäß mit Quellwasser – die Eltern sollten sich hier wirklich um reines kostbares Quellwasser bemühen! ...

Namensgebung

... liegt das Kind in der Wiege, im Kinderwagen oder auf einem Fell, so können die Eltern während der Namensgebung ein symbolisches Heim bauen, indem sie, auf beiden Seiten des Kindes stehend, einander die Hände reichen und sie über dem Kind nach oben halten; zum Sprechen des Namenssegens können Mutter und Vater ihr Kind auch in den Armen wiegen; ein Kuss auf die Stirn des Kindes schließt den Akt der Namensgebung ...

Übergabe des Lebensleuchters und des Feuers

... die Eltern übertragen hierbei das Feuer ihres Familienleuchters, oder wenn dieser nicht vorhanden sein sollte, das der Feuerschale, mit einer Kerze auf den Lebensleuchter ihres Kindes ...

Dank an die Mutter

... der Vater des Kindes spricht zur Mutter und würdigt sie für das Geschenk des Lebens; bitte nicht zu förmlich, hier geht es um Gefühle ...

Musikstück

... hier kann die Lebensmelodie des Neugeborenen gespielt werden, sofern eine solche bestimmt worden ist ...

Übergabe der Treumundschaft

... Vater und/oder Mutter und Treumund(e) stehen sich dabei gegenüber und schauen einander in die Augen ...

Baumsetzung

... viele Lebensleiten finden in Jahreszeiten statt, die eine Pflanzung des dem Kinde eigenen Baumes im Freien aus Witterungsgründen nicht gestatten; ersatzweise kann die Übergabe eines Stecklings erfolgen, der dann bei der ersten Gelegenheit zu pflanzen ist; einen schon kurz nach der Geburt auf den Mutterkuchen gepflanzter Baum ehren wir durch phantasievolle Handlungen, so können bunte Bänder oder Zettel, mit den Wünschen aller Teilnehmenden, in das Astwerk geknüpft werden, oder man räuchert oder lässt ein Methorn kreisen ...

Gemeinsames Abschlusslied und Schlusskreis

... alle stehen auf und fassen einander an den Händen, so dass ein geschlossener Kreis entsteht, oder man kann als Symbol der ewigen Wandlung auch eine Acht um das Kind und um den Baum laufen ...

Gemeinsames Mahl und gemeinsame Gestaltung des Tages

... feierliches (Besuch der Ahnenruhestätte, Waldspaziergang, etc.) oder geselliges Miteinandersein (Spiele, Tänze, Musizieren).

Die Namensgebung

Den Höhepunkt der Lebensleite bildet die Namensgebung, nachdem sich die Eltern auf einen passenden, wohlklingenden und bedeutungsstarken Namen geeinigt haben. In patriarchalen Traditionen nimmt der Vater sie vor, in matriarchalen ist es die Mutter, welche benennt und der Vater, welcher diese Benennung bezeugt.

Nun ist die Wahl des Vornamens für verantwortungsbewusste Eltern oft nicht einfach und auch die Bedeutung des Namens sowie seiner Vergabe bleiben oft im Dunkel. Neueste Forschungen lassen vermuten, dass der Klang des Namens sehr wohl die Entwicklung des inneren Wesens nährt. Die Experimente von Masaru Emoto an Wasserkristallen sowie mit Reisschalen scheinen dies zu bestätigen (Reis, welcher mit den Worten „ich hasse dich" besprochen wurde, verschimmelt signifikant früher als Reis, welcher „ich liebe dich" zu hören bekam). Dies berücksichtigt, wundern wir uns auch nicht, wenn ein Sonnwin als *Freund der Sonne und des Lichts* selbst im Winter barfuss läuft und eine Yelka als *Ruferin zum Kampf* weniger im Solarium als vielmehr bei der Demo in vorderster Reihe anzutreffen ist.

So schicken wir ein paar theoretische Überlegungen voraus und merken gleichzeitig an, dass die angeführten Sachverhalte, Bräuche und Zeremonien aus patriarchalen Zeiten stammen. Das *Eis* der Matriarchatsforschung ist uns noch zu dünn und glatt, um uns darauf sicher zu bewegen. Was eine HistorikerIn in Begeisterungsstürme versetzt, lässt unser Neugeborenes völlig kalt. Aus gesundem Egoismus interessiert es sich nur für die wahrhaftige Partnerschaft der Eltern, die eine Kindheit in Frieden, Freiheit und Liebe garantiert. Für uns Eltern ist dies hehres Ziel und schwere Aufgabe zugleich...

Für alle indogermanischen Völker ist durch Quellen belegt, dass die Namensgebung am zehnten Tage nach der Geburt erfolgte. Nach Jan de Vries ist „die Namensgebung notwendig, um dem Kind seine volle Identität zu sichern", denn erst dadurch erhält es seinen Platz innerhalb der Sippe und seine Erbfähigkeit. Schon bei de Vries finden wir den Hinweis, dass der Name des Kindes mehr ist als bloßer zufälliger Schmuck und deshalb größte Sorgfalt auf die rechte Wahl gelegt wird. Er berichtet ferner, dass vor allem in der Sagazeit dem Kinde gewöhnlich der Name des verstorbenen Großvaters oder eines nahen Verwandten gegeben wurde. Diesem Verfahren lag der durch die heutige Vererbungslehre bewiesene Glaube zugrunde, „dass mit dem Namen auch die damit verbundene seelische Beschaffenheit des Verstorbenen in das neugeborene Kind hinübergeleitet wurde". Für wahrscheinlicher mag gelten, dass man mit der Übernahme des Namens auch im Sippenverband einen Zustand bekräftigte bzw. besiegelte, der biologisch bereits vorgegeben war. Den Glauben an Seelenwanderung und Wiedergeburt im körperlichen Sinne möchte ich hier in Übereinstimmung mit von Kienle (*Germanische Gemeinschaftsformen*) verwerfen und als nicht entscheidend betrachten. Das Phänomen der Namensgebung ist auch nur aus den altisländischen Schriften ausreichend zu rekonstruieren, aber wie von Kienle nachweist, kann von dort aus mit Berechtigung auf den indoeuropäischen Raum gefolgert werden. Damit wir uns näher an die Vorstellungen herantasten können, müssen wir grundsätzlich die Frage nach dem Sinn der Namensgebung im alten Island stellen und kommen zu dem Ergebnis, dass das Grundprinzip der altisländischen Namenwahl darauf beruhte, das Neugeborene möglichst bald und möglichst fest in den Sippenverband einzugliedern. Von Kienle weist uns darauf

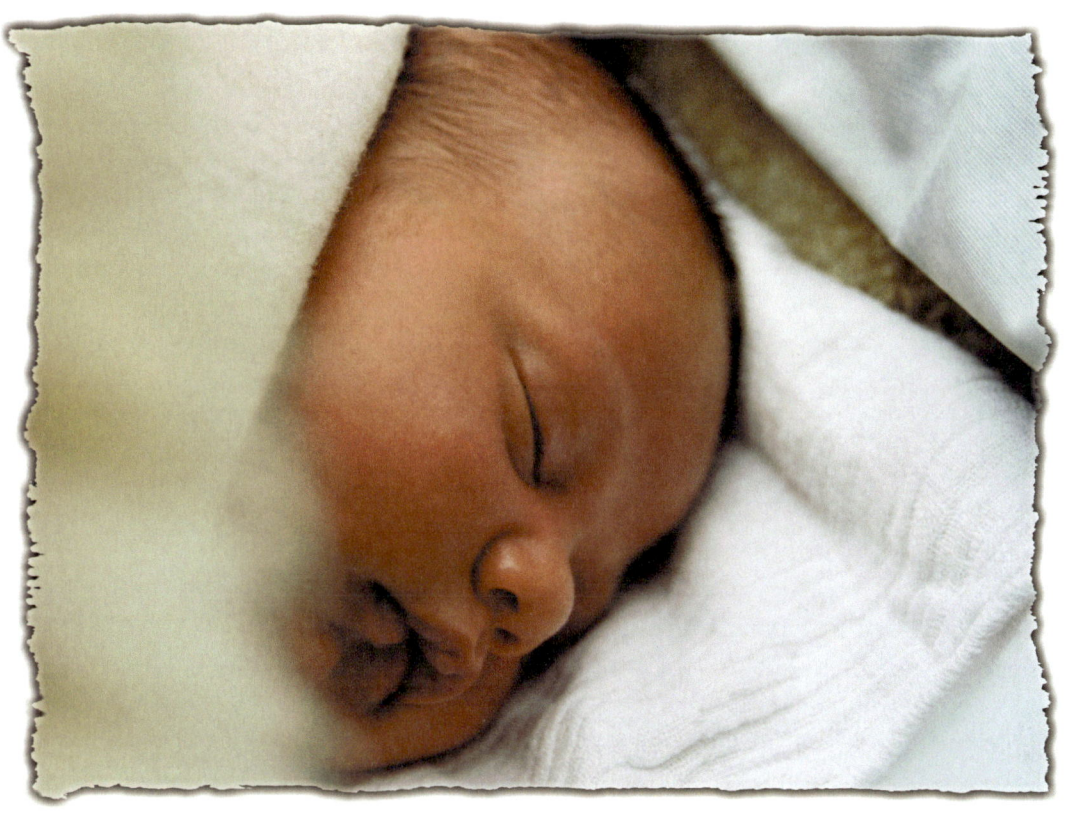

Bedenke es wohl, eh du sie taufst!
Bedeutsam sind die Namen...
denn ob der Nam' den Menschen macht,
ob sich der Mensch den Namen,
das ist, weshalb mir oft, mein Freund,
bescheidne Zweifel kamen!

Theodor Storm

hin, dass „man angesichts der Bedeutung der Sippe im germanischen Lebensbereich diese Aussage für das gesamte germanische Gebiet erweitern dürfe". In das Kind wird also erst durch die Namensgebung all das hineingelegt, was ihm die Sippe zu geben bereit ist und was diese ihrerseits von dem Kind erwartet. Die Art und Weise, wie diese Bindung an die Sippe vorgenommen wird, kann auf drei verschiedenen Wegen erfolgen: einmal durch *stabende* Namen, die die Bindung durch die „zwingende Kraft des Lautklanges" herstellen wollen, dann durch die Verleihung eines in der Sippe üblichen Namenselementes, durch das man gleichsam die Sippenindividualität einzufangen versucht, um im so Benannten die in der Sippe wirksame Art lebendig zu sehen, und letztendlich die oben bereits erwähnte Benennung nach einem Verstorbenen, um das Wesen eines als charakteristisch angesehenen Sippenangehörigen im Namensträger wieder lebendig werden zu lassen. Dem Brauch der Variation müssen wir dabei ein recht hohes Alter zusprechen, da er uns bei allen indogermanischen heidnischen Völkern begegnet, die ihr altes Benennungssystem beibehalten haben. Der Brauch der Nachbenennung scheint wesentlich jünger zu sein und „die Vorstellung, dass das Wesen eines einzelnen in dem Neugeborenen lebendig werde, bietet nun sehr leicht die Verbindungsmöglichkeit zum Wiedergeburtsglauben selbst". Wie weiter oben schon kurz erwähnt, steht diese Auffassung, gerade was die Möglichkeiten der Vererbung vom Großahn zum Enkel betrifft, auf dem Boden der modernen Vererbungslehre. Diese Hypothese kann durch das Beispiel, welches Spieth in seinem Buch „Die Religion der Eweer" anführt, zusätzlich untermauert werden. Nach Spieth wird in dem Falle, dass der Enkel den Namen eines verstorbenen Ahnen erhalten soll, das Neugeborene einer genauen Untersuchung durch den Priester unterzogen. Diese Untersuchung soll feststellen, „welcher seiner verstorbenen Ahnen in ihm wiedererschienen", d.h. reinkarniert ist. Dass der Priester sich dabei mehr an den körperlichen Ähnlichkeiten zwischen Ahn und Neugeborenem als an der Farbe des *Kaffeesatzes* orientiert haben wird, darf angenommen werden. Erst nach Abschluss dieser Feststellung wird dem Kind der Name des betreffenden Ahnen übergeben.

Von einem gänzlich anderen Standpunkt aus nähert sich Jean Haudry der Problemstellung. Seine Analyse geht von sprachwissenschaftlichen Forschungen aus und kommt zu folgenden Ergebnissen: „Zwei Überlegungen bestimmen die Wahl des Namens eines Kindes: der Name kündigt an, was es sein wird, indem er ihm die moralische Pflicht auferlegt, es zu werden" (*Haudry: Die Indoeuropäer*). Und auch hier findet er wieder den Brauch der Variation, wenn er schreibt, „dass der Name insofern an die Stammlinie anknüpft, indem er den Namen des Vaters und manchmal auch den der Mutter vergegenwärtigt". Aber Haudry führt auch einen neuen Gesichtspunkt in die Diskussion ein, indem er angibt, dass jeder Stand nur ihm eigene spezifische Ideale besitzt und darausfolgend somit auch nur ihm eigene Namen führt. Die Gesetze des Manu, II, 31-32 geben hierüber Auskunft: „der Name eines *Brahmanen* muss glückverheißend sein, der eines *ksatriya* muss Macht und Schutz ausdrücken, der eines *vaisya* Reichtum und Gedeihen, der eines *sudra* muss seinen verächtlichen Dienststand widerspiegeln". Im Merkgedicht von Rig (siehe Edda) finden wir den selben Gedankengang für den nordischen Kulturkreis bestätigt.

DU BIST ZUR WELT GEKOMMEN. SPRICH! SCHREI!
BRINGE ZUM AUSDRUCK, DASS DU LEBENDIG UNTER UNS BIST. ...
DU BIST AUF DIE WELT GEKOMMEN,
NICHT UM VERWIRRUNG ZU STIFTEN,
NICHT UM FEINDSCHAFT ZU STIFTEN,
NICHT UM NUR DAS ZU TUN, WAS DU WILLST,
SONDERN IN EINE GEMEINSCHAFT EINZUTRETEN,
FÜR DIE DU DINGE ZU ERLEDIGEN HAST,
JE NACHDEM, WIE SIE ES DIR VORSCHREIBT.

DONA VIOLETA, HEBAMME UND AX Q'IX
(QUICHE: MAYA-PRIESTERIN, GUATEMALA)

In engem Zusammenhang hierzu steht die Bedeutung des Namens als gleichgewichteter Teil einer Dreieinheit von Leib, Seele und Namen. Hier hat der Name eines Menschen nicht bloß schmückenden Charakter, sondern gilt „als echtes substantielles Sein, als ein integrierender Bestandteil des Menschen" (*Cassirer: Wesen und Wirkung des Symbolbegriffes*). Dieses Phänomen finden wir z.B. bei den Inuit, von denen berichtet wird, dass für sie der Mensch aus drei Teilen, nämlich dem Leib, der Seele und dem Namen besteht (*Brinton: Religions of primitive people*). Eine ähnliche und analoge Auffassung finden wir auch im alten Ägypten. Dort gliedert sich der Mensch ebenfalls auf in seinen physischen Körper, dem zum einen sein *Ka* (= die dem Menschen innewohnende Kraft, die ihn am Leben erhält; der Tote wird oft als jemand angesehen, der „zu seinem Ka" geht) und zum anderen sein Name beigestellt sind. Auch hier herrscht ein enger lebendiger Zusammenhang zwischen Persönlichkeit und Namen, der seine höchste Steigerung in der Selbstschöpfung des Sonnengottes Ra erfährt. Das ägyptische Totenbuch weiß zu berichten, dass sich Ra dadurch selbst erschuf, dass er sich seinen eigenen Namen gab und damit seine Identität und seine Kräfte definierte.

Spuren dieses göttlichen Bewusstseins finden wir noch im römischen Recht, wenn es nach Mommsen (*Römisches Staatsrecht III*) besonderen Wert auf die Ausprägung des Begriffes der Rechtspersönlichkeit legt. Wird einem „physischen Subjekt" die Anerkennung als vollwertiger Bürger versagt, so verliert es im rechtlichen Sinn nicht nur das eigene Sein, sondern auch noch den eigenen Namen. Daher führen auch die römischen Sklaven keinen durch das Recht legitimierten Namen, „weil sie nicht als selbständige Persönlichkeiten fungieren können" (*Cassirer*). Die volle Individualität und Einzigartigkeit erhält der Mensch demnach erst durch die Anerkennung desjenigen individuellen und einzigartigen Namens, der ihn aus dem Chaos der gleichförmigen Masse heraushebt und ihn als Person konstituiert.

Wie sehr diese Vorstellungen im mythischen Denken verwurzelt sind und wie dieses Denken selbst dort, wo scheinbar nur eine bloße Analogie oder Ähnlichkeit zu erkennen ist, eine wahre Gemeinschaft des Wesens findet, legt uns Cassirer eindeutig dar, wenn er schreibt: „Der Name ist, mythisch genommen, niemals ein bloß konventionelles Zeichen für ein Ding (Anm.: und für den Menschen), sondern ein realer Teil desselben – und ein Teil, der nach dem mythisch-magischen Grundsatz des *pars pro toto* das Ganze nicht nur vertritt, sondern wirklich *ist*". Ziemlich eindeutig tritt diese Wesensgleichheit von Namen und Benanntem hervor, wenn man berücksichtigt, dass sich im mythischen Denken jede Ähnlichkeit auf eine vorhandene, wenn auch nicht für die rationalistisch-objektivistische Schau offensichtliche Identität zurückführen lässt. Wie wir schon sahen, ist die Persönlichkeit des Menschen, also gleichsam das ureigene Ich, der mythischen Auffassung zufolge untrennbar mit dem Namen verwoben. Dieser Name ist daher mehr als nur schöner Schmuck oder einfaches Symbol, „sondern gehört zu dem unmittelbaren Besitz dessen der ihn trägt" und über den sorgfältig und verantwortungsbewusst gewacht wird.

Mit der Bekehrung der keltisch-germanischen Heiden zum christlichen Glauben, die übrigens nirgendwo so schnell und vor allem so unblutig verlief, wie man uns heute glauben machen will, vollzog sich eine zwar schleichende, doch deshalb nicht weniger konsequente Vernichtung heidnischer Namen. Im Rottweil des 13. Jhd. finden sich erst vier fremde, d.h. nicht heidnische Taufnamen (*Prof. Brechenmacher, Deutsches Namenbuch, Stuttgart 1928*), doch schon im Stralsund der gleichen Zeit heißt jeder fünfte Mann Johannes. Nicht viel anders im Lübeck des 14. Jhd., denn von 6700 Namensträgern heißen immerhin 1019 Johannes, mithin fast jeder sechste und bereits zur Mitte des 14. Jhd. tragen in Breslau 86,7% der Männer fremde Namen. Wie sehr um diese Zeit die egalisierende Gleichschaltung am Wüten ist, zeigen die Chroniken: um 1400 kommen im Landesdurchschnitt (zur Basis 1000)

auf je einen Namen ca. 43 Träger, 50 Jahre früher waren es erst 4 Träger pro Namen. 1527 erscheint in der Schweiz ein Kalender mit ausschließlich syrisch-hebräischen Namen des Alten Testamentes und auf Calvins Betreiben werden zur selben Zeit in Genf nur biblische Namen zur Taufe zugelassen (*F. Khull, Verdeutschungsbücher des deutschen Sprachvereins, Nr. 4*). Das Ergebnis ließ nicht lange auf sich warten und so trug 1530 in Bern nur jeder zwölfte Mann und nur jede einhundertachtunddreißigste Frau noch einen Namen heidnischen Ursprungs. Aus dem Einwohnerverzeichnis der vorpommerschen Stadt Barth entnehmen wir ähnliches: 1593 sind nur 10% der verzeichneten Namen nichtbiblischer Herkunft. Der vollständige Identitätsverlust im Bereich der Namen scheint erreicht im Königsberg des Jahres 1651, denn dort tragen von 5693 Männern und 6642 Frauen nur 2% der Männer und 3% der Frauen heidnische Namen.

Übersehen wir noch einmal das bereits Gesagte und fassen es unter Berücksichtigung der Gegenwart chronologisch zusammen, so gelingt es uns, den Verflachungsprozess, dem die Namensgebung unterliegt, in sechs Stufen aufzuzeichnen. In der Frühstufe der Entwicklung stellt der Name eine selbständige schicksalhafte Kraft dar, deren Vorhandensein dem Träger dieses Namens die eigene Identität überhaupt erst ermöglicht, d.h. ihn erst zu dem macht, der er ist. Die zweite Stufe misst dem Namen schon nicht mehr die übergeordnete Bedeutung zu, die er in der Frühstufe innehatte, aber glaubt in ihm immer noch die lebendige Kraft zu finden, die den wahren Wesenskern des Trägers symbolisiert. Der Name wird deshalb immer noch als identisch mit seinem Träger gesehen. Die Lockerung dieses Netzwerks setzt in der dritten Stufe ein, wenn dem Namen nur noch sinnbildhafte Bedeutung für das Wesen seines Trägers zukommt und vollendet ihren Auflösungsprozess in der vierten Stufe, die dem Namen ausschließlich die Funktion eines Etiketts zuerkennt, welches dem Träger mehr oder weniger zufällig anhaftet. Die innere Beziehung zur Bedeutung, die dem Namen zugrunde liegt, ist bereits verlorengegangen. Die Entwicklung der Dekadenz vollzieht sich nun in immer schnellerem Tempo, so dass die Menschen der fünften Stufe, nachdem ihnen das Wissen um die Bedeutung und die Kraft des Namens verloren gegangen ist, das Aufkommen der *Modenamen* und *Namenmoden* erleben, die allmonatlich den *Charts* und den *Top Ten* der Massenpresse entnommen werden können (z.B. aus der Monatsillustrierten *Eltern*). Auf dieser Stufe entscheidet meist nur noch der oberflächliche Klang die Wahl des Namens, nach Sinn und Herkunft fragen die wenigsten. In der sechsten und vorläufig letzten Stufe schließlich verliert selbst der oberflächlichste Modename seine Bedeutung und tritt seine ohnehin schon überflüssig gewordene Existenz an die mehrstellige, durch den Zentralcomputer eines anonymen Staatsapparates editierte und überwachbare Nummernkombination ab. Der maschinenlesbare Personalausweis und die *Fortschritte* der Gentechnologie zeigen, wohin die Entwicklung geht.

Um nun die Kriterien, nach denen eine heidnische Namensgebung erfolgt, darlegen zu können, ist es unumgänglich, uns ein weiteres Mal ins mythische Denken zurückzuziehen. Wir hatten schon gesagt, dass das strenge inhaltliche Verhältnis, in dem Name und Wesen zueinander stehen, ebenso zu den Voraussetzungen des mythischen Denkens gehören wie das Wissen, dass im Namen gleichsam auch die Kraft des Wesens beschlossen liegt. Der Name kann nicht losgelöst vom Menschen betrachtet werden, er ist dessen unveräußerlicher Teil, er ist gleichsam seelische Substanz, Reales, Wirkliches wie Seiendes, etwas, das Leib und Seele an Bedeutung gleichwertig gilt und entscheidend für das Schicksal des Trägers ist. Selbst über das individuelle Leben des Menschen hinaus behält der Name Gültigkeit, „dass, solange der letztere noch besteht und ausgesprochen wird, auch der Mensch noch unmittelbar als gegenwärtig gedacht und als wirksam empfunden wird" (*Cassirer*). Die *Zauberkraft*, die dem Namen innewohnt und in ihm durch den Ritus der Namensgebung freigesetzt wird, dieses energiegeladene und intakte Flechtwerk aus Anschauung und Erkenntnis, aus Ahnenwissen und Zukunftsdeutung, aus Unverbrauchtheit und erhellender Kraft, verschwindet logischerweise nicht mit dem Tod des Individuums. Die Namensgebung gerät deshalb vielmehr zu einer Namensschöpfung, die, „gewachsen und geboren aus einem Akt erhöhter Phantasie" (*Stählin: Kraft und Sinn der Namengebung*), sich zu einem konzentrierten Heilswunsch erweitert und sich durch die religiöse Poesie vermittelt. Ihr sakraler Charakter ist offensichtlich. Im Ritus der Namensgebung nimmt die Sprache die zentrale und entscheidende Stellung ein. Denn das gesprochene Wort wirkt erzeugend in dem Sinne, dass es, ist es einmal ausgesprochen, nach Erfüllung drängt und Realität und Wirklichkeit erschafft, indem es das Erzeugte verarbeitet und *dichterisch* gestaltet.

Aber die Sprache baut auch am Weltbild, wenn sie in den Wurzeln und Stämmen der Wörter das Erkennen und Denken niederlegt. Doch ist das Erkennen nicht primär auf den klar und sofort zu erfassenden Sinn gelegt, sondern es zählt „vielmehr das schwer zu durchdringende, schier unauflöslich verschlungene Ineinander von Klang und Ausstrahlung, Atmosphäre und Fluidum, Zauber und Faszination" (*Stählin*) und die Aura von Kraft und Vertrauen, die das Ganze umgibt.

Für uns, denen an einer verantwortlichen Elternschaft gelegen ist, gilt es nun, wieder für die aus dem Unbewussten herandrängenden seelischen Mächte und den geheimnisvollen Kräften, die den Namen innewohnen und aus ihnen wirken, empfänglich zu werden. Unsere Kinder sind zwar neu geboren, doch damit sie eine Zukunft und ein Schicksal haben können, müssen wir ihnen eine *Vergangenheit*

zuweisen, die es ihnen ermöglicht ihre Aufgabe wirkungsvoller erfüllen zu können. Es ist dabei von uns zu bedenken, dass wir die Identität der eigenen Art nur erhalten können, wenn es uns möglich ist, auf entsprechende Namen zurückzugreifen. Diese Forderung kann nur von dem Namensschatz unseres Kulturkreises erfüllt werden, sprich von Namen keltisch-germanischer Abstammung. Nur hier ist der heilige Klang von *Stirb und Werde* zu vernehmen, nur hier spüren wir noch etwas von der ursprünglichen Kraft der Ahnen, nur hier erlauschen wir das Raunen um letzte Geheimnisse und spüren das Rauschen des Meeres und das Tosen der Winde, nur hier ertönen die Zauberlieder uralten Geheimwissens. Nie wird das Ich in seiner abgekapselten Individualität, sondern stets sein Wert für die Gemeinschaft besungen: Mut, Überlegenheit, Kraft, kämpferische Tüchtigkeit, Weisheit, Gedankentiefe und Verbundenheit mit der höchsten Kraft. Dies sagen die Namen – dies soll ihr Wesen sein. Hier treffen wir auf ein altes Vorurteil, wonach ein solcher Name oft nicht zum kindlichen bzw. zum erwachsenen Menschen passt und deshalb die Bedeutung bzw. die Kraft verloren geht und nur der leere Klang des Wortes übrig bleibt. Nun ist dies noch lange kein Grund, den keltisch-germanischen Namen durch einen christlich-orientalischen Namen zu verdrängen. Damit ist das Problem nämlich nicht gelöst.

Der eigentliche Sinn ist doch der: ein Kind mit dem Namen Almut *ist* nicht von vornherein eine „die mit edler Gesinnung verzaubert", sondern *soll* es nach dem Wunsch der Eltern und der Sippe werden. Das heißt aber auch, dass sie als Trägerin des Namens selbst aktiv werden muss, um die Kraft des Namens zu entfalten und ihm die Möglichkeiten zur Geltung zu verschaffen. Im Namen selber ist nur die Energie in ihrer potentiellen Form vorhanden, der Name selbst trägt nur die wirkkräftige Schwingung – es liegt am Menschen, diese Energie auch freizusetzen!

gedanke warst du
leises ahnen im herzen
und idee
und sehnsucht -

pfeil an der sehne
wilde kraft im geheimnis
und blut
und eis -

tosen der frühlingsblüte
forscher drang der knospe
und lust
und mond -

blütenkelch im regen
zartes grün im sommermorgen
und feuchte
und dunkel -

dolch im leder
lichter kristall im silber
und kräuter
und stolz -

runen im sprechstab
kräftiges dröhnen im fell
und mondschwestern
und erdmutter -

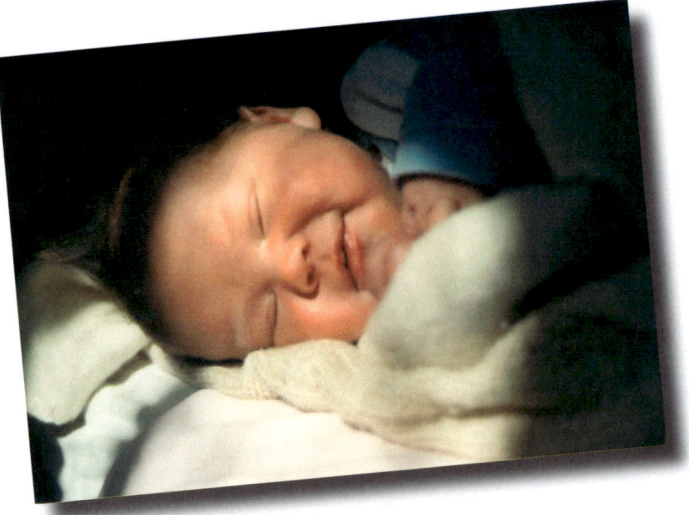

wort in weisheit und macht
kundige falte im lebensleder
und ahnen
und erbe -

wir geben liebe|:

... deinen jungen augen, dass sie sehen,
was ewig und noch nie geschaut.

... deinen jungen ohren, dass sie hören,
was ewig und noch nie geraunt.

asche im wind
rasendes feuer in den herzen
und trauer
und glück -

... deinen jungen lippen, dass sie sprechen,
was ewig und noch nie verkündet.

... deinen jungen händen, dass sie fühlen,
was ewig und noch nie erspürt.

gedanke der kommenden
symphonie in der zeit
und idee
und sehnsucht -

... deinen jüngen füssen, dass sie schreiten,
was ewig und noch nie erforscht.

... deinem jungen herzen, dass es lebe,
was ewig und noch nie geliebt.

dein name sei ulrike!

... deinem jungen schoss, dass er gebiere,
was ewig und noch nie gezeugt.

... deinem jungen leib, dass er mit freude heimat gebe,
was ewig und noch nie gelebt.

segnung für eine tochter

Der Name ist der heilige Klang des Wesens

Es gibt einige schamanische Techniken, die es uns erlauben, andere Bewusstseinszustände zu rufen und andere Welten zu bereisen. Solche Reisen können sinnvoll sein, wenn wir den Namen unseres Kindes und seine individuelle Bedeutung nicht nur verstehen, sondern mit unserem ungeteilten Sein erfahren und erleben, und damit verinnerlichen wollen.

Traum: Die Altvorderen wussten um die Realität der Traumerfahrung. Nur im Traum erleben wir die *unio mystica*, oder wie es Mircea Eliade schreibt, „vermag man die geschichtliche Zeit abzuschaffen und die mythische wiederzufinden."

Ekstase, Tanz, Trance: Wir reinigen uns in der Schwitzhütte, um die Nacht durch zu tanzen und zu singen. Rasseln sie, tanzen sie – nicht denken, einfach nur tanzen.

Trommelreise: „Der Schlag der Trommel ist der Herzschlag von Mutter Erde", sagen die Schamanen. Dumpfes, monotones Trommeln vor Kerzenlicht oder Lagerfeuer hat schon für so manches Trance-Erlebnis gesorgt. Die rhythmischen Schläge entführen uns in die Zwischenwelt jenseits von Raum und Zeit. Und genau da wollen wir ja hin.

Quest: Setzen sie sich auf einem einsamen Platz in freier Natur 24 Stunden den Elementen aus. Nehmen sie Wasser mit, aber fasten sie. Je nach Witterung reicht eine Decke oder ein Poncho. Die *spirits* spüren ein ehrliches Bemühen und hören genau den Klang der Gebete, die einem aufrichtigen Herzen entspringen.

Die oben vorgestellten Techniken sind Hilfsmittel, denen man sich bedienen kann, aber nicht muss.

So erzeugen die Zeit vor der Geburt, die Niederkunft selbst und auch die Stunden oder Tage danach ein außergewöhnliches Energiefeld, welches uns Zugang verschafft in nie erlebte Empfindungen und die Pforten öffnet zu Räumen, die sonst verschlossen bleiben. Es ist eine sehr kostbare Zeit, die man nutzen sollte. Hier wird unser Blick weit, unsere Schau tief, das Ahnen schwebt vogelgleich über die Wipfel der Zeiten und manchmal galoppiert ein Gefühl heran wie ein wildes lebenslustiges Pferd, reißt unsere Verpanzerung hinfort – und befreit die Tränen des Glücks.

In diesen Minuten schenkt uns das Leben einen kurzen Blick in seine heiligen Gesetze und gewährt uns tiefes ganzheitliches Verstehen jenseits des Intellekts. Ganz kurz nur öffnet sich uns das Wesen des neuen Menschen und sein Name leuchtet hell im Dunkel. In diesen Momenten fließt die Namenslyrik wie von selbst aus der Feder, schnitzt die Hand wie von selbst ein Kunstwerk oder fügen sich Melodien und Rhythmen zu neuen Kraftliedern.

Die Namenslyrik auf der gegenüberliegenden Seite sowie auf den beiden folgenden ist in solchen Momenten entstanden. Sie wurde von Vätern geschrieben, die nie vorher oder nachher fähig waren, etwas derartiges zu erschaffen. Einmal, nur ein einziges Mal, erwidert die Muse den Kuss, macht uns Männer weich, öffnet unseren Blick für die Mysterien. Dann heißt es hinsehen und erinnern.

Ich schließe mit der Bitte, dass die hier veröffentlichte Namenslyrik mit Ehrfurcht und Respekt behandelt wird. Lassen sie sich anregen, aber bitte kopieren sie nicht. Glauben sie mir: wenn der richtige Moment gekommen ist, wird auch aus ihrer Hand dieses einzigartige Sinnwerk geboren, welches nur diesem einen Menschen in die Wiege gelegt werden kann!

lerne

sehen, wo nichts dein auge verwirrt;
hören, wenn alles ganz ruhig scheint;
atmen, dass die stille zum rausch wird.

träumen, wo die vernunft versagt;
klingen, wie die saite einer harfe, die zum schwert wird;
schweigen, bis das erwachen deiner knospe
dem frühlingsdonner gleicht.

tanzen, damit der gleichschritt verstummt;
dich wandeln, um beständig zu bleiben -
sei schirmender krieger und weiser freund!

dein name sei wiborg!

du sollst weg sein!
weg durch stürmisch kalte nächte,
weg durch wogend goldene kornfelder,
weg durch beissend kaltes unverständnis,
weg der gemeinsamen kraft.
warmer weg!

wir grüssen dich, solveig!

wie das meer:
stürmisch und weit;
vernichtend in schäumender wut;
anziehend zu unendlichen tiefen;
stoff,mit dem alles kommt und geht;
kraft, die alles bewegt.

wie das meer seist du,
dass alle kräfte in dir wohnen.
dass die liebe in dir
werde dein meer.

in freude und dankbarkeit
begrüssen wir
liebke astrid valeria

38

blühe
keim der schönheit
gegen das gift der dogmen.

fliege
schwingen des aars
in quelle und ziel.

tanze
barde des schicksals
im klang der götterlieder.

stehe
pendel der wahrheit
in der tiefe der zeit.

lache
um die schatten der wirklichkeit.

hege
hain der wärme sei stachel zum krieg.

brenne
feuer des todes sei asche zur blüte

drehe
das rad der ahnen
hinab in die täler der fruchtbarkeit
und
hinauf zu den epen des untergangs.

küsse
den lichten kristall des tages
und
die dunkle lilie der nacht.

sterbe
ausgebrannt doch reich;
eigenes totem des seins.
sei freund der sonne und des lichts!

dein name sei sonnwin!

Die Namensgebung in Island

In Island hat sich hinsichtlich der Namensgebung eine Besonderheit erhalten. Sie ist die Jahrhunderte hindurch so geblieben wie bei den ersten Siedlern (Island wurde 870-1000 von den Wikingern aus Westnorwegen besiedelt). In den anderen skandinavischen Ländern hat sich dies inzwischen geändert und dort hat man heute Familiennamen, die von den Nachkommen weitergetragen werden.

Die Isländer geben ihren Kindern bei der Geburt, meist jedoch bei der Taufe, einen oder zwei, höchstens drei Vornamen. Die meistgebrauchten Vornamen sind altnordisch oder altgermanisch, auch Namen keltischen Ursprungs werden heute noch benutzt, genauso wie biblische Vornamen sowie einige Namen aus dem Lateinischen und Griechischen. Erst ab Anfang des 18. Jahrhunderts verwendet man Namen wie Baldur, Þór, Óðinn, Edda, Freyja usw. aus der nordischen Mythologie.

Wenn die Isländer Namen für ihre Kinder auswählen, sind es sehr oft die Namen der Vorfahren, des Großvaters, der Großmutter oder anderer Verwandter. Wenn man den Stammbaum einer Familie betrachtet, kann man sehen, wie dieselben Namen immer wieder vorkommen, d.h. oft haben Großvater und Enkel denselben Namen. Mit den Nachnamen hat es eine besondere Bewandtnis. Eigentlich sind sie keine Familiennamen, sondern eher Zweit- oder Kennnamen, die eine Verwandtschaftsbeziehung anzeigen. Die Hauptregel lautet: die Kinder werden nach dem Vater genannt und zwar nach dem Vornamen des Vaters im Genetiv mit der zusätzlichen Endung -son (Sohn) oder -dóttir (Tochter).

Ich nehme als Beispiel meine Familie: Meine Eltern hießen Sigurbjörg Lárusdóttir und Bragi Steingrímsson. Der Vater von Sigurbjörg hieß Lárus Halldórsson, daher war sie die Tochter des Lárus, also Lárusdóttir. Diesen Zweitnamen behielt sie ihr ganzes Leben, auch nach der Heirat, denn sie blieb ja ihr ganzes Leben die Tochter von Lárus. Der Vater von Bragi, mein Großvater väterlicherseits, hieß Steingrímur Matthíasson, daher war mein Vater Steingrímsson. Bragi und Sigurbjörg bekommen eine Tochter, die auf den Vornamen Grímhildur getauft wird und ihr Nachname ist Bragadóttir, weil sie die Tochter von Bragi ist. Grímhildur heiratet Haukur Guðlaugsson. Unsere Söhne heissen Bragi Leifur Hauksson und Guðlaugur Ingi Hauksson. Guðlaugur hat eine Tochter. Meine Enkelin heißt Eva Guðlaugsdóttir.

Diese Namensgebung stammt aus altgermanischer Zeit. Die Sitte mit den Familiennamen ist aus den südlicheren Teilen Europas durch die Römer in die nordischen Länder gekommen.

In der Sagazeit wurden die Kinder manchmal nach den Müttern benannt. Es gab z.B. Hildiríðarsynir (synir = Söhne). Das waren die Söhne der Frau Hildiríður, die eine große Persönlichkeit war, bedeutender als ihr Mann. Bei unehelichen Kindern wurde es auch so gemacht, mit dem Vornamen der Mutter und der Endung -son oder -dóttir.

Seit den letzten 30 – 40 Jahren, mit zunehmender Gleichberechtigung der Frau, kommt es immer häufiger vor, dass die Kinder nach den Müttern benannt werden. Eine bekannte Theaterregisseurin heißt Ingunn Ásdísardóttir. Der Vorname ihrer Mutter lautet Ásdís. Viele alleinstehende Frauen ziehen es vor, ihre Kinder nach sich zu benennen, und nicht nach einem Vater, den die Kinder vielleicht nie kennenlernen werden.

Echte Familiennamen gibt es trotz allem auch in Island. Den ersten isländischen Familiennamen findet man im 17. Jahrhundert. Im 19. Jahrhundert bis Anfang des 20. ist die Zahl der Familiennamen wesentlich gestiegen. Es wurde sozusagen eine große Mode, sich einen Familiennamen anzuschaffen.

Im Jahre 1913 trat ein Gesetz in Kraft, welches erlaubte, Familiennamen zu führen, dazu gab es gleich eine Anleitung wie man einen solchen Namen bilden könne. Nach anhaltenden Protesten wurde per Gesetz im Jahre 1925 verboten, sich neue Familiennamen zu nehmen. Dieses Gesetz wurde 1991 noch einmal bestätigt.

In Island hat man sich schon immer für Genealogie interessiert. Heute wird an einer umfassenden Datenbank gearbeitet, in der die Abstammung aller Isländer erfasst wird und aus der sich jeder seinen Stammbaum per Internet herunterladen kann.

Grímhildur Bragadóttir

Die Wasserweihe

Nachdem ein Kind geboren wurde, gilt es zunächst, die Nabelschnur durchzuschneiden. Diese erste Handlung kann der Vater des Kindes vollziehen, wie es heute in einigen Geburtshäusern und Kreißsälen, vor allem denjenigen, die eine natürliche Geburt bevorzugen, praktiziert und angeboten wird. Dies setzt voraus, dass der Vater bei der Entbindung anwesend ist und seine Frau bei der Geburt des gemeinsamen Kindes unterstützt. Hierbei handelt es sich jedoch um einen sehr jungen Brauch, denn es ist noch nicht lange her, da waren Geburtsvorbereitung und Entbindung Domäne der Hebammen, und die setzten jeden Mann ohne Rücksicht auf Rang und gesellschaftliche Stellung vor die Tür. Da muss man gar kein Matriarchat bemühen, um zu erkennen, wie wichtig und sinnhaft es ist, wenn die Mutter selbst die Nabelschnur durchtrennt. Mit dieser äußeren Handlung auf der Ebene der Kraft vollzieht sie symbolisch, was sich auch in ihr selbst auf der Ebene der Seele vollziehen muss, nämlich die Auf-Trennung des Lebewesens *Mutter-Kind* in Mutter und Kind, also zwei Lebewesen, die ein eigenes Leben führen. Dieser erste Biss, dieser erste Schnitt ist so wichtig, sollen mit Heranwachsen des Kindes die folgenden Abnabelungen (Kindergarten, Schule, Jugendleite/-weihe bzw. Pubertät, Auszug aus Elternhaus, Heirat, ja selbst Tod als Extremfall) gut gelingen.

Da früher die Entbindungen auf der nackten Erde stattfanden, erklärt sich die Überlieferung, wonach der Vater als Zeichen seiner Zustimmung das Kind vom Boden aufnehmen musste, von selbst. Wichtig ist nämlich nicht, von wo er es aufnimmt, sondern *dass* er es aufnimmt. Die Überlieferungen geben an, dass daraufhin das Kind mit Wasser begossen, manchmal auch mit Salzwasser gewaschen wurde. Die eigentliche Zeremonie der Wasserweihe bzw. -taufe (das Wort *taufen* leitet sich aus dem gotischen *daupjan* ab und steht damit auch mit dem deutschen Wort *tauchen* in Verbindung) folgt erst noch, obwohl man das erste Bad des Neugeborenen kurz nach der Geburt ohne weiteres als Wasserweihe ansehen kann. Das Bad soll dann aber der Vater durchführen und es nicht der Hebamme überlassen.

Wasser gilt als Lebenselement, der Säugling hat 9 Monate darin gut und geborgen gelebt. Mit der Wasserweihe erlebt das Kind nochmal ein Eintauchen in das Wasser des Lebens, wie als Widerspiegelung seines Aufenthaltes im Fruchtwasser. Auf der Symbolebene sagen wir ihm: „Ich heiße dich willkommen und gebe dir auch hier draussen, was du zum Leben brauchst." Und dafür nehmen wir reines kostbares Quellwasser, eben von der Quelle, vom Ursprung.

Die Wasserweihe hat durch ihre auffallende Übereinstimmung mit der christlichen Taufe vermehrt Diskussionen über ihre Herkunft ausgelöst. Jan de Vries weist deutlich nach, dass die Wasserweihe altes heidnisches Gut ist und auch bei vielen sogenannten primitiven Völkern bekannt war. Dem Arzt Gallenus verdanken wir einen Bericht aus dem 2. Jhd. n. Chr., wonach die Germanen die Neugeborenen, noch heiß aus dem Mutterleib, in kaltes fließendes Flusswasser getaucht haben sollen, gleichwie man glühendes Eisen im Eiswasser härtet. Dass hier vielmehr dem Säugling bereits seine erste Härteprobe abverlangt wurde, die dann im christlichen Kult zu einem kraftlosen Besprenkeln mit Weihwasser verkam, lässt sich auch aus dem altnordischen Namen *asa vatni = Wasserfestigung* ersehen. Aber auch in der Havamal, Strophe 158 findet sich eine entsprechende Stelle: „Ein dreizehntes kenne ich, wenn eines Degens Sohn mit Wasser ich bewerfen soll".

Alte Wiege mit einem Fünfstern
an der Innenseite des Kopfteils.
An der Aussenseite halten zwei Engel
ein Wappen (gefertigt aus Zirbel und Nussbaum, 1579)

Noch 732 n.Chr. wetterte Bonifatius in einem Erlass gegen die heidnische Wasserweihe und erklärte sie für ungültig im christlichen Sinne. Diese Bestimmung ergibt nur dann einen Sinn, wenn bereits eine heidnische *Taufe* als bestehend vorausgesetzt werden kann, die sich nicht mit der christlichen deckt. Die Überlieferung lässt uns bei der eindeutigen Sinnbestimmung der germanischen Wasserweihe wegen mangelnder Quellenstellen leider im Stich. An einen Reinigungsbrauch im christlich-orientalischen Sinn ist keinesfalls zu denken, da hierfür im heidnischen (keltisch-germanischen) Kulturkreis Anschauungen von religiöser Unreinheit nicht bezeugt sind, die ja eigentlich auch in krassem Widerspruch zu heidnischem Denken stehen würden.

Aber es ist noch ein ganz anderer Gesichtspunkt zu berücksichtigen, nämlich der des Bedeutungsinhaltes, denn der Sinn der heidnischen Wasserweihe deckt sich in keiner Weise mit dem der christlichen Taufe. Über den Unterschied stritten sich schon im 4. Jahrhundert der britische Mönch Pelagius und das päpstliche Rom. Im Jahr 418 n. Chr. entschied ein katholisches Konzil, dass jedes neugeborene Kind aufgrund seiner sexuellen Empfängnis dämonisch und deshalb automatisch verdammt ist, bis es getauft worden ist (*Walker: Das geheime Wissen der Frauen*).

Ausgangspunkt des Streites war die unterschiedliche Beurteilung des Problems von Sünde und Gnade durch die Lehren des heiligen Augustinus einerseits und dem Standpunkt des Pelagius andererseits. Aufgrund seiner Lehre von der Erbsünde war Augustinus der Ansicht, dass der Mensch von Geburt an sündig sei und forderte daher, dass die Neugeborenen sofort nach der Geburt zu taufen seien, „um ihnen so die Möglichkeit zu geben, des göttlichen Lichtes voll und ganz teilhaftig zu werden". Pelagius dagegen vertrat den Standpunkt, dass dem Menschen das Recht eingeräumt werden müsse, zu wählen, ob er getauft werden wolle oder nicht. Dieser Disput um ein bis heute aktuell gebliebenes Thema rüttelt an den Grundpfeilern des Christentums. Nach der augustinischen Lehre hat der Mensch nicht die Möglichkeit, Gott oder die Wahrheit durch eigene Suche und eigene Haltung zu finden. Nur der Christengott allein besitzt nach Augustinus die Macht der göttlichen Offenbarung und es liegt nicht am Menschen, sondern einzig an ihm, diese Offenbarung teilhaftig werden zu lassen. Dabei behält sich Gott die Wahl vor – der Mensch ist nichts weiter als der Spielball *göttlicher* Launen und wird in Angst, Verzweiflung und passiver Erwartung auf die *Erlösung* gehalten. Aus dieser Sicht heraus ist die Forderung nach sofortiger Taufe verständlich, ist sie doch nichts weiter als ein Wettlauf mit der Zeit um göttliche Gnade, angereichert mit einem *Schuss linkischer Überlistungsstrategie.*

Die fundamentale Gegenlehre vertritt dagegen Pelagius, der dem Menschen von Anbeginn seiner Existenz die volle Willensfreiheit zuspricht. Es liegt deshalb auch nicht in der Gunst irgendeines Gottes, in göttliches Wissen eingeweiht zu werden, sondern diese Möglichkeit ist jedem Menschen von Geburt an gegeben, und es liegt an ihm, die Wahl zu treffen. Auch die Sünden der Ahnen wirken sich nicht nachteilig auf die Möglichkeit der Erkenntnis von „Licht und Schatten" aus, wie dies Jean Markale in seinem Buch *Keltisches Bewusstsein* bestätigt. Die Erbsünde ist deshalb für Pelagius kein Thema, womit er deutlich in der Tradition der Druiden (die *Eichenkundigen,* die um die Weisheit des Lebensbaums wissen) steht, die ebenfalls die Möglichkeit göttlichen Eingreifens auf das menschliche Leben in dieser Form negierten.

Während die christliche Taufe die Behauptung der Erbsündigkeit als wahr ratifiziert und den „Getauften" in die Rolle des „ewigen Sünders" verdammt, sehen wir die Wasserweihe als symbolischen Ausdruck der Erbadeligkeit jedes Menschen und der rituellen Kontaktaufnahme mit den Elementen. Die Heiligkeit der Geburt wird

geehrt durch den heilig-heilenden Brauch der Wasserweihe, die darüber hinaus mit den Urkräften des Lebens verbindet: warmes Wasser (Feuer und Wasser), die streichelnde Hand (Erde) und Wort oder Atem (Luft). Kurz: für uns ist im Gegensatz zum Christen nicht die Taufe heilig, sondern die Geburt!

Die Wasserweihe kann auch getrennt von der eigentlichen Lebensleite bereits kurz nach der Geburt durchgeführt werden, jedoch geben wir zu bedenken, dass die meist doch sterile Atmosphäre der Kreißsäle der Heiligkeit der Handlung nicht gerecht wird. Der Bedeutung der Wasserweihe am nächsten kommen wir, wenn wir sie an einer Quelle (= Sinnbild des beginnenden Lebenstromes) oder an einem klaren Bach in freier Natur an einem sonnigen Morgen vornehmen.

Großes Wasserbecken vor dem Eingang der Klosterruine Paulinzella.

Glauben wir den Lehren der miletischen Philosophen, dann war Wasser das erste Element: sie bezeichneten es als *arché*, die *Mutter aller Dinge*. Das Taufbecken wurde vielerorts auch als Schoß bezeichnet, der Buchstabe *m* (für *ma* – Mutter) ist ein Ideogramm für die Wellen des Wassers.

Nicht nur die Mythen erzählen von der ersten Schöpfung im *Wasserschoß* des Chaos, auch die Wissenschaft bestätigt den Beginn organischen Lebens im Wasser. Brunnen und Quellen, Flüsse und Seen sind daher meist weiblichen Gottheiten bzw. *Großen Müttern* geweiht.

Die Kirche war stets bestrebt, diesen heidnischen Wasserritus zu bekämpfen. So verteufelte sie im 10 Jh. ausdrücklich die „Verehrung der Quellen", 1770 z.B. verbot der Kurat zu Bromfield den heidnischen Wasserritus an einer *hollywell* genannten Quelle (Quelle der Hel = Göttin Holle = Große Mutter, vgl. Hölle = Höhle = Gebärmutter).

Bäume sind Gedichte,
die die Erde in den Himmel schreibt

Khalil Gibran

„Mein" Baum

Meine persönlichen Wurzeln sind die Wurzeln eines Baumes, der im Garten jenes Hauses steht, in dem ich aufwuchs und heute wieder lebe.

Wenn ich in die Unterwelt gelangen will, dann wähle ich den Weg durch den Stamm dieses Baumes – und wenn mir im Sommer nach einem faulen Nachmittag ist, verbringe ich den gerne unter seinen weiten Zweigen.

So, wie ich um seinen Leib kämpfte, als die Nachbarn forderten, diese „Dreckschleuder" umzusägen, kämpfte er um meine Seele, als ich in tiefer Depression versank. Er ist übrigens eine Sie. Eine Weide.

Der Umstand, dass sie mein Haus erhält, weil es ohne ihre wasserhungrigen Wurzeln schon längst im Morast unseres quellenreichen Hügelhanges versunken wäre, ist nur noch ein weiterer symptomatischer Punkt unserer Beziehung.

Ich nenne sie Großmutter ...

Der Baumkult

Bäume sind Heiligtümer und lebendige Zeugen der Gött-
lichkeit der Natur. Der Baum (bau-m: bauen und Mutter)
bewegt das Lebenselement Wasser aus der dunklen Erde in
den lichten Himmel; der Baum baut Leben. Der Querschnitt
eines Baumstammes ähnelt unserer menschlichen Gemeinschaft,
nämlich in Kreisen wachsend von innen nach außen. Verehrung des
Baumes und Naturspiritualität sind folglich eins. In diesem Abschnitt zeigen
wir, wo ihre Wurzeln zu suchen sind und welche mythologischen Zusammenhänge den heidnischen Baumkult stützen. Das Bild des Baumes als Lebensbaum wird
dabei ebenso zu betrachten sein, wie die verwandten religiösen Anschauungen der
nordamerikanischen Urvölker. Eine Untersuchung über den sinnhaften Gehalt des
Baumes, über seine Funktion als Botschafter zwischen Mensch und Kosmos und die
Darlegung der religiös-ökologischen Bedeutung des heidnischen Baumkults runden
unsere Gedanken ab.

Eine Esche weiß ich...

Die heidnische Verehrung des Baumes oder ganzer Wälder belegt sich aus den
Überlieferungen des indoeuropäischen Kulturkreises. So wissen wir z.B. von einer
mächtigen, kultisch verehrten Eiche bei Geismar, die Bonifatius fällen ließ, von dem
gewaltigen, immergrünen Baum im Tempelheiligtum von Uppsala (Eibe), über den
uns Adam von Bremen berichtet und von der Platane in der kretischen Stadt Gor-
tynia, die gemäß der Erzählung des Theoprast in der Nähe einer Quelle stand und
zu keiner Jahreszeit ihre Blätter verlor. Die Heiligkeit dieser Bäume begründete sich
durch ihre Symbolkraft, die das natürliche Wachstum und die ewige Fruchtbarkeit
versinnbildlichte, und durch die enge Verwandtschaft, die sie dadurch mit den göttlichen Kräften verband. Es findet sich jedoch kein einziger ernstzunehmender Beleg,
der die Bäume zu Behausungen von Geistern und Dämonen degradierte, so wie dies
viele christliche Geschichtsschreiber taten und es uns im abergläubischen Brauchtum
begegnet.

Die größte Verehrung galt jedoch den heiligen Wäldern bzw. den Hainen, da die
harmonische Ordnung des Waldes den religiösen Charakter des einzelnen Baumes
bestätigte und verstärkte. Schon Tacitus hat darüber berichtet, dass sich die Germanen den Wohnort ihrer Götter nicht im Innern eines steinernen Tempels vorstellen
konnten, sondern die göttlichen Mächte für sie nur in den frischgrünen, vom Wind
durchrauschten Hainen erlebbar waren. Das Wort Hain ist eng verwandt mit
dem Wort Hag bzw. Hagen, das sowohl Umfriedung wie auch umfriedeter Wald
bedeutet und auf die Verwendung als Begräbnis-, Thing- und Kultstätte hinweist.
Noch heute zeugen Tausende von Orts- und Landschaftsnamen von der einstigen
Heiligkeit der umliegenden Wälder. Die keltischen Druiden pflegten ebenfalls Wälder und Waldlichtungen zu weihen und als sakrale, unbetretbare Räume für rituelle
Zwecke aus dem allgemeinen Besitz des Stammes auszugliedern. Das gallische Wort
nemeton wird als heiliger Wald oder Waldheiligtum übersetzt. In der Gegend des
heutigen Dublin soll ein dem Thor geweihter Eichenwald gestanden haben (Coill

Tomair). In den irischen Texten werden die heiligen Bäume als *bile* bezeichnet. Die *bile*-Wälder erfüllten mehrere kultische Funktionen: zum einen waren sie umfriedete Orte für Zusammenkünfte aller Art, zum anderen Friedhöfe und Stammesheiligtümer.

Bevor die Griechen an den Bau ihrer berühmten Tempelanlagen gingen, besaßen sie ausgedehnte und umfriedete Wälder, welche den Göttern geweiht waren. Das Orakelheiligtum von Dodona gilt als das älteste Orakel Griechenlands. Ein riesiger Hain aus mächtigen Eichen bildete das Zentrum des Heiligtums. Die größte Verehrung wurde einer prachtvollen, alten Eiche zuteil, die durch eine besondere Umhegung (Hag) aus ihrer Umgebung hervorgehoben wurde. In den Wipfeln dieser Eiche nisteten wilde Tauben, eine klare Quelle sprudelte zu ihren Füßen. Herodot berichtet, dass drei Frauen (Promeneia, Timarete, Nikandra) dort ihren priesterlichen Dienst versahen. Den drei Frauen sprach man Seherinnengabe, Weisheit und rituelle Kraft zu (*rtu*, sanskrit = Mondblutbrauch). Der Hain von Dodona war ursprünglich der Erdgöttin Gaea (Die Gebende) geweiht, erst später, wahrscheinlich im Zuge einer aggressiveren Patriarchalisierung, erweiterte sich seine Funktion auf den Göttervater Zeus.

Der nordische Mythos von der Weltenesche Yggdrasil scheint die indoeuropäischen Erscheinungsformen des Baum- und Hainkultes in einem Bild zusammenzufassen. Die gewaltige Esche (oder Eibe) steht im Mittelpunkt der Welt, ihre drei Wurzeln reichen tief in den Boden bzw. in die Reiche der Asen, der Reifriesen und von Hel. Die Äste von Yggdrasil verlieren sich in den Weiten des Himmels, in der Krone des Baumes sitzt ein Adler, an den Wurzeln nagen Schlangen. Mehrere Quellen entspringen am Fuße des Baumes. Drei Nornen (Urd, Werdandi, Skuld) sitzen an diesen Quellen, weben das Schicksal der Dinge und schöpfen eine helle glänzende Flüssigkeit aus der Quelle der Urd, mit der sie die Esche immerfort übergießen und dadurch die ununterbrochene Lebenskraft des Baumes erhalten. Viele erkennen darin das „Wasser des Lebens", manche glauben, dass es sich um Met, das göttliche Rauschgetränk, handelt.

Mythologische Analogien zu Yggdrasil finden wir vor allem in den heidnischen Religionen Vorder- und Zentralasiens. Die Perser nennen den Weltenbaum „Baum des Adlers", der Haomabaum entsprießt der Quelle Ardwi Sura, eine Vasenmalerei zeigt, wie aus den Wurzeln des Hesperidenbaumes Quellwasser sprudelt, Drachen nagen an den Wurzeln des kosmischen Baumes in den Mythen der Sibirier. Nach Plato (*Der Staat, 10. Buch*) sitzt die Göttin Ananka neben der Weltachse, die er die Spindel der Notwendigkeit nennt, und überwacht deren Drehung.

Der Weltenbaum ist somit nicht nur Baum der Ewigkeit, sondern vor allem Schicksals- und Lebensbaum. De Vries erläutert dies: „Man könnte sich nun denken, das Yggdrasil das himmlische Abbild ist von dem Baum, der bei dem heidnischen Tempel (in Uppsala) gestanden haben soll und dabei daran erinnern, dass sogar jedes Bauerngehöft seinen Schutzbaum hatte. Aber es lässt sich auch umgekehrt denken, dass die Bäume beim Tempel oder bei der Wohnung ursprünglich eine in menschliche Nähe gerückte Reproduktion des Weltbaumes gewesen sind".

Doch kehren wir noch einmal in den Mythos zurück. Urd ist die Norne der Vergangenheit, und wenn aus ihrem Brunnen (Urdarbrunnr) Yggdrasil mit der Leben und Wachstum fördernden Flüssigkeit benetzt wird, so können wir daraus die Symbolik des kosmischen Kreislaufs erahnen. Aus dem Brunnen der Vergangenheit erhält sich die Fruchtbarkeit der Gegenwart und die Keimkraft der Zukunft. Der Lebenslauf des Laubbaumes und der Jahreslauf der Sonne: beide spiegeln sich aneinander. Die erwärmende Kraft der Frühlingssonne wird auch heute noch symbolisch im frischen Blattwerk und in klebrigen Knospen ins Bild gesetzt. Damit erweitert sich der Weltenbaum in einen Lebensbaum, der in direktem Bezug zum Sonnenkult gesehen werden muss.

Der Lebensbaum

Im Lebens- und Jahreslauf des Baumes offenbart sich in überwältigender Eindringlichkeit das Wesen des ewigen Werden, Sein und Vergehen und Wiederwerden, so dass in Folge nicht nur die lebenden Bäume, sondern auch die bildhaften Darstellungen (Malerei, Stickerei, Schnitzwerk, etc.) des Baumes als Sinnbilder der Lebensewigkeit verstanden werden. Leider herrscht gerade in Bezug auf den Begriff Lebensbaum eine gewisse Unklarheit in der Deutung, da es sich hier um einen nicht genau definierten Terminus handelt. Stief erkannte die gleichen Schwierigkeiten: „Man konnte darunter bisher nach Belieben die Arbor vitae der Bibel (d.h. in übertragenem Sinne auch den Christus), oder einen Baum, der ewige Jugend spendet, oder einen Baum, dessen Leben zum Leben eines Menschen parallel verläuft (Schicksalsbaum), oder die lebende Pflanze als selbstverständliches Symbol für das Leben schlechthin, oder auch mehreres davon oder alles dies synkretistisch zusammen verschmolzen verstehen".

Ist auch der Begriff der gleiche, so unterscheiden sich doch die judeochristlichen Vorstellungen über das Wesen und die Symbolik des Lebensbaumes grundsätzlich von den heidnischen. Der biblische Baum des Lebens verheißt durch den Genuss seiner Früchte ein individuelles ewiges Leben, ein Leben ohne die Notwendigkeit des Todes. Seine Gabe ist in diesem Sinne materialistisch. Als die Menschen des Paradieses von den Früchten des Baumes kosten, werden sie vertrieben und in die Geschichtlichkeit des menschlichen Seins verstoßen. Der Mensch unterliegt ab diesem Zeitpunkt den Gesetzen des natürlichen Lebens, die aus theologischer Sicht amoralisch und unmenschlich sind. So strebt der christliche Mensch in eschatologischer Hoffnung nach dem paradiesischen Urzustand. Im heidnischen Lebensbaum dagegen sehen wir das Sinnbild der Lebensewigkeit, die kosmische Ordnung des Lebensgesetzes. Er ist das Sinnbild des Lebens, das wir als Kreislauf verstehen, und des Todes als einer notwendigen Übergangstufe zu einer neuen Welt. Der heidnische Mensch erstrebt die Unsterblichkeit des menschlichen Lebens nicht im christlich-individuellen Sinn, sondern begreift den individuellen Tod als Notwendigkeit zur Aufrechterhaltung des Lebens. Der Matriarchatsforscher Johann Bachofen dachte heidnisch, als er die folgenden Zeilen verfasste: „Ohne den Tod ist keine Verjüngung möglich, und in der ewigen Arbeit der Natur wird die zerstörende Kraft zur Erhaltung des ewig jungen Lebens nicht minder unentbehrlich als die schaffende und erzeugende. Ja, in keinem Augenblick kann die positive Kraft ohne die negative bestehen. Nur was diese auflöst, vermag jene wieder zu ersetzen. Der Tod ist also nicht der Gegensatz, sondern der Gehilfe des Lebens,...". Die ewige Jugend des Lebens offenbart sich uns in der Geschlechterfolge, deren Voraussetzung das Absterben der Individuen ist. „Vom nordischen Lebensbaum kann man nicht essen, man äße denn – sich selbst" (*W. Stief*).

Die Jahres- und Lebenslaufsymbolik finden wir in der idealen Darstellung des Lebensbaumes des Quedlinburger Knüpfteppichs zu beispielhafter Klarheit herausgearbeitet. Werner Stief klärt uns über den tiefen Sinngehalt dieser Darstellung auf: „Aus dem einen, ungegliederten Stamm..., der unten (im Süden) in der mütterlichen Erde wurzelt, sprießt wenig gegliedert im Frühling das erste Grün hervor: der kleine Dreispross *in halber Höhe* des Stammes. Dieser Frühlingsspross entwickelt sich in der Folgezeit zum voller ausgewachsenen, nämlich nunmehr fünfteiligen Sommerspross (Anm.: vgl. fünfzackiges Pentagramm – die Kraft ist auf ihrem Höhepunkt) auf der Gipfelhöhe (im Nordpunkt) des Baumes (und damit des Jahres). Frühlings- und Sommerspross zeigen eindeutig nur aufwärts gerichtete Glieder. Die riesigen Herbstäste – denn als solche haben wir die fruchttragenden Seitenäste anzusprechen – sitzen wieder gleich dem Frühlingsspross *auf halber Höhe* am Stamm...; sie neigen sich, dem Bogenrund abwärts folgend, zum Stamm zurück, ihre reifen Früchte der Allmutter Erde genau in den Winkeln *am Stamm* übergebend, um schließlich verwelkend im Winter nur diesen einen Stamm, geladen jedoch mit neuer, latenter Wachstumsenergie, übrigzulassen..." .

Die verschlüsselte Botschaft, die uns in dieser hervorragenden handwerklichen Arbeit überliefert wurde, lässt sich mit den Worten Bachofens zusammenfassen: „Die Vollendung jedes Daseins ist eine Rückkehr zu seinem Beginn, und in jeder Entfernung von dem Ausgangspunkt liegt zugleich eine Wiederannäherung an denselben. Zwei Richtungen sind in ebenso unerklärlicher Weise miteinander verbunden wie die zwei Kräfte selbst, denen sie entsprechen. Das Resultat ihrer kombinierten Kraft ist der Kreislauf, in welchem sich alles tellurische Leben ewig bewegt".

Wechseln wir den Schauplatz unserer Betrachtungen und werfen wir einen Blick auf die Rede des Indianerhäuptlings Seattle. Es bleibt dabei gleichgültig, ob und wieweit es sich bei dieser Rede um eine Fälschung oder um ein Original oder um eine Mischung aus beidem handelt. Wichtig und entscheidend ist an dieser Stelle nur, dass der Text die Verehrung der Natur und mit ihr die der Bäume und den spezifischen Charakter des indianischen Begriffes von der Heiligkeit der Welt vermittelt. Die indianische Haltung gegenüber den Mächten und Kräften der Natur, die uns die Lektüre ihrer Schriften und die Beobachtung ihres Lebens begreifbar machen, gestattet uns einen tiefen Einblick in das Wesen heidnischer Naturreligiosität. Der Indigene fühlt sich in die Harmonie des ewigen Stirb und Werde tief verwoben, er schwingt im Rhythmus der Jahreszeiten und entwickelt sich daraus das ihm eigentümliche Selbstbewusstsein. Was bei indigenen Überlieferungen immer wieder auffällt, ist die selbstverständliche Verbindung von Kleinem und Großem, die sich zu einem ganzheitlichen Weltbild zusammenfügt. Diese Anschauung begreift daher auch Dinge und Zusammenhänge, die der heute christlich geprägten westlichen Gesellschaft erst wieder im Zuge ihres ökologischen Bewusstseinsprozesses eröffnet wurden. „Die alten Dakota ... wußten, dass mangelnde Ehrfurcht vor allem Lebendigen und allem, was da wächst, bald auch die Ehrfurcht vor dem Menschen absterben lässt. Deshalb war der Einfluss der Natur, die den jungen Menschen feinfühlig machte, ein wichtiger Bestandteil ihrer Erziehung".

Tatanga Mani spricht zu den göttlichen Kräften der Bäume: „Ich höre deine Stimme im Wind, in den Bäumen". Es ist die Stille des Waldes, die den Menschen die Stimme der höchsten Kraft hören lässt. Dieses *Gott*-Erlebnis setzt aber voraus, dass der Mensch zur Aufnahme dieser feinen, unmessbaren Kraftströme bereit und fähig ist, dass er die menschliche Größe besitzt, sich in den Schoß der Großen Mutter fallen zu lassen. „Wenn du den Indianer fragst: Was ist Stille?, wird er dir antworten: Das große Geheimnis. Die heilige Stille ist Seine Stimme. Und wenn du fragst: Was sind die Früchte der Stille?, so wird er sagen: Selbstbeherrschung, wahrer Mut und Ausdauer, Geduld, Würde und Ehrfurcht... .Erziehung zur Stille, zum Schweigen begann schon sehr früh. Wir lehrten unsere Kinder, still zu sitzen und Freude daran zu haben. Wir lehrten sie, ihre Sinne zu gebrauchen, die verschiedenen Gerüche aufzunehmen, zu schauen, wenn es allem Anschein nach nichts zu sehen gab, und aufmerksam zu horchen, wenn alles ganz ruhig schien". Die Stille, von der hier gesprochen wird, ist die lebensfreundliche Stille der heiligen Wälder, das sanfte Rauschen der Blätter im Wind und das zarte Knacken der Frühlingsknospen, die sich der Sonne öffnen. Es ist eine meditative Stille, die einem anderen Begriff von Zeit entspringt und die sich nur in der Abgeschiedenheit der Wälder und Haine erleben lässt. Es ist aber auch die Stille eines tiefen berauschenden Durchatmens, das sich darüber bewusst ist, dass Weisheit und Geist frische Luft braucht, um gesund und natürlich denken und empfinden zu können.

Die Indigenen wissen aber auch, dass der Geist der Mütter, Väter und Ahnen besonders in den heiligen Hainen erlebbar und den Generationen vermittelbar bleibt. Die Heiligkeit der Wälder stützt sich daher auch auf das Wissen um die Notwendigkeit eigener Geschichte und eigener Wurzeln. Seattle hat dies gemeint, als er, verzweifelt über die Unausweichlichkeit des indianischen Schicksals und bewusst über den ewigen Wert seines heidnischen Wissens, ausrief: „Der Saft, der in den Bäumen steigt, trägt die Erinnerung des roten Mannes".

So war und bleibt der Wald auf ewig das große Symbol der „gärenden Gleichzeitigkeit", des ewigen Stirb und Werde, wunderbare Hymne der zeitlich gleichen Prozesse des Gebärens und des Zurücksinkens. So bleibt der Wald das Sinnbild des Lebens. In ihm fließen die Leben der Vielen zusammen, gleich den Ästen und den Blättern eines Baumes bilden die Stämme der Bäume eine lebendige Gemeinschaft. Wie viel Tugenden und Laster, wie viel Lebenserfahrung, wie viel Werte und Sittlichkeit, wie viele Gesetzmäßigkeiten hat man in ihn nicht hineingelegt! Seine symbolische Kraft reicht über den Menschen hinaus auch für seine Gemeinschaften,

Völker und Kulturen. Der Baum war und ist immer positives Vorbild für naturspirituelles Denken und An-Schauung. In ihm ist die Weisheit des Schöpfungsmythos kodiert: er trägt in sich die Weisheit der Fruchtbarkeit der Natur und des Verbundenseins von Himmel und Erde. Er ist Sinnbild für Beständigkeit, Mäßigung, Geduld (vgl. das stetige Jahrtausende während Wachstum der nordamerikanischen Grannenkiefer), Zuverlässigkeit (jährlicher Fruchtertrag), Erziehung, Wachstum, Reife, Verantwortung der Generationenfolge und Opfersinn (Feuerholz). Er ist Sinnbild für das innige und gefühlstiefe Verhältnis, das einst Menschen zu ihm hatten, als sie den Toten Tannensamen unter die Zungen legten, bevor sie sie vergruben. Der winterliche Baum war und bleibt Mahnung an den Tod als Übergangsstadium des kreisenden Lebens, die Vergänglichkeit des Baumes, die sich harmonisch in den Kreislauf der Dinge einfügt, wird zur Mahnung an die Unvergänglichkeit des menschlichen Mülls (Plastik, radioaktiver Abfall), der sich durch seine Beständigkeit dem Lebensgesetz des Wandels zu entziehen versucht und dadurch zur Bedrohung des Lebens wird.

Die Symbolik der großen Mutter

Wir wollen noch einmal kurz auf die Weiblichkeit des Baumes eingehen. Unzählige Mythen scheinen zu bestätigen, wonach der Baum den ausgesprochenen Mutter- und Wiedergeburtssymbolen zuzuordnen sei. In den Früchten, in der schattenspendenden Krone, in der Verläßlichkeit der Jahresrhythmik erkennen wir klar den weiblichen und mütterlichen Symbolgehalt des Baumes. Gertrud Höhler z.B. bedauert, nein, sie klagt an, dass das Schicksal des namenlosen Stadtbaumes und seiner unbeachteten, gemiedenen, fast feindlich empfundenen Fruchtbarkeit gleichzeitig das Schicksal des Weiblichen in unserer Gesellschaft darstellt. Und erhebt die Anklage: „Wie der Baum missachtet wird in seinem Regelmaß von Knospe, Blüte und Frucht, das er weiterverfolgt ohne ein Echo, Sinnbild ohne Sinn geworden, so ist das Weibliche selbst in Misskredit geraten, seine Fruchtbarkeit eine entwürdigende Last, wie viele meinen ... Wo unsere Ehrfurcht der Natur entzogen wurde, da haben wir sie auch dem Menschen entzogen ... Das menschliche Kind ist seit Jahrzehnten ein Objekt von Rationalisierungsmaßnahmen und Vermeidungstechniken. Das Mütterliche darf niemand mehr zitieren, der nicht ein Zyniker genannt werden will. Die Einbettung in biologische Rhythmen, die das Leben der Frau bestimmen, steht zur Überwindung an; ... Als die große Spenderin von Leben, als die Hüterin und Schutzgewährende ist die Frau weitgehend außer Kurs geraten. Wir staunen nicht mehr über Fruchtbarkeit, über Lebensvermittlung durch mütterliche Wärme. Das Staunen hat uns daher auch angesichts der fruchtbaren Natur verlassen" (*Die Bäume des Lebens*).

Seit jeher haben die numinose Stimmung und die geheimnisvolle Erscheinung eines stattlichen Haines unbewusst den mythischen Resonanzboden des Menschlichen in Schwingung versetzt. Der Hain, aber auch jeder einzeln stehende Baum sind Symbol der Ewigkeit und der Vergänglichkeit zugleich. Sie bedürfen, heute angesichts der zunehmenden Mitweltzerstörung mehr denn je, eines neuen ökologisch-spirituellen Verständnisses. Die Kraft und die Lebendigkeit unserer Wälder und Haine wurzelt somit in der Kraft und der Lebendigkeit unserer Gesellschaft. Die Bäume bezeugen den Zustand des Menschen!

Die religiöse Verehrung der Bäume und die Einbindung der Bäume in die heilig-heilenden Handlungen kann hier ein Gegengewicht schaffen und den katastrophalen ökologischen Entwicklungen Widerstand und heilige Kraft entgegenstellen. Es bleibt die Aufgabe der Menschen unserer Zeit, die Heiligkeit des Baumes und die Heiligkeit der Mütterlichkeit über die Zeit hinaus zu hegen und zu wahren!

WAR ES UNSER ALLER LEBEN,

Der Schicksalsbaum

Wir hatten schon gesehen, dass die Symbolik des Lebensbaums in auffälliger Weise das Leben eines Menschen spiegeln kann. So sammelt sich die volle Kraft des Lebensbaumes in dem Begriff des Schicksalsbaumes, jenes Baumes nämlich, der zur Geburt eines Menschen oder zur Eheleite zweier Liebender gepflanzt wird und mit dem Leben des Menschen daher aufs engste verbunden ist.

Wir wollen aber heute nicht soweit gehen und diesem Baum den Nimbus des persönlichen Orakelbaumes zugestehen, denn das würde ja, wenn man den Gedanken zu Ende denkt, bedeuten, dass ein Absterben des Baumes ein gleichzeitiges Ableben des Menschen zur Folge hat. Vielmehr wissen wir um den erzieherischen Wert, der der Pflege eines Baumes gerade in den Kinder- und Jugendjahren innewohnt und glauben an eine Möglichkeit der inneren Verständigung zwischen Baum und Mensch. Gerade in unserer Zeit erscheint es uns äußerst wichtig, dass Stadtkinder die Verbindung zum Lebendigen bewahren. Namhafte Psychologen und Verhaltensforscher, allen voran Konrad Lorenz, haben bereits darauf hingewiesen, dass sich die ethische Verrohung des Zivilisationsmenschen auf seine erschreckende Distanz zu den Formen des Lebendigen zurückführt. Die ökologische Verantwortung, vor der wir uns gedrückt zu haben scheinen und die sich mit der Härte der Naturgesetze den nächsten Generationen aufdrängen wird, verlangt nach ethischer und naturnaher Ausbildung des Kindes. Ein eigener Baum, der zur Geburt gepflanzt wird und

WAS DARIN VERBORGEN LAG IN DIESEM SAFTIG-SATTEN ROT?
LEBENSLINIEN, DIE SICH BLÄULICH WIE WASSERADERN IM MUTTERKUCHEN VERZWEIGEN
UND WIEDERFINDEN. LIEBES KIND, MÖGEN SICH DEINE LEBENSLINIEN MIT DEN
ZARTEN WURZELN DEINES JUNGEN BAUMES VEREINEN, AN SEINEM STARKEN
STAMM EMPORWACHSEN, UM DANN AN DEN FEINEN SPITZEN SEINER ZWEIGE

INS ÜBERALL ZU VERSTRÖMEN.

dessen Wachstum mit dem des Kindes voranschreitet, öffnet dem Kind unter der Anleitung der Eltern die Möglichkeiten, Natur mit allen Sinnen wahrzunehmen: zu erleben, anzuschauen, zu begreifen, zu bestaunen und zu schmecken. Der Baum erschließt dem Menschen wieder natürliche Erkenntnispfade jenseits des sterilen Fachbuchwissens unserer (Ver-)Bildungsanstalten. Das Wissen um das Wesen seines Baumes erlangt man nur über die Öffnung neuer Sinnesorgane für die Schau des Göttlichen in der Welt. Wirkliches Wissen fordert Einswerdung!

Für den Menschen bleibt der Baum zeitlebens ein Sinnbild des eigenen Seins und der eigenen Vergänglichkeit. Der Lebensbaum vermittelt dem Menschen Kraft, er hilft ihm, wieder Wurzeln zu treiben in einer Zeit, die sich der hektischen Mobilität und den tödlichen Geschwindigkeiten verschrieben hat. Der Lebensbaum gewährt Heimat, und seine Stimme, die man in so seltenen Augenblicken zu vernehmen glaubt, mahnt an die eigenen menschlichen Grenzen und an die heiligen Gesetze des Lebens.

Die Pflanzung eines Lebens- und Schicksalsbaumes geschieht innerhalb des Lebens- und Eheleiterituals (siehe S. 94 bzw. im Buch *Die Hohe Zeit*).

Die Nachgeburt ...

... oder „kleine Schwester", wie sie von den Mafa (Nord-Kamerun) liebevoll genannt wird, und ihre Behandlung ist ein wichtiger Bestandteil der naturreligiösen Geburtsriten weltweit. In Deutschland ist das Wissen hierzu fast vollständig verloren gegangen, die allermeisten Eltern widmen ihr keine Aufmerksamkeit.

Und ich muss gestehen, dass auch meine Frau und ich aus Unwissenheit und durch das Geburtserlebnis überwältigt und abgelenkt, bei den ersten drei Geburten die Nachgeburt „links" liegen ließen. Deren Entsorgung übernahm das Geburtshaus. Das änderte sich erst, als wir auf eigenem Grund und Boden zu Hausgeburten übergingen. Heute stehen nicht nur drei Lebensbäume auf den Nachgeburten unserer eigenen Kinder, sondern auch die Lebensbäume für die Kinder von befreundeten Paaren, die keinen eigenen Boden haben.

So natürlich wie wir das heute empfinden, so glücklich wir sind, die innewohnende Schönheit eines Mutterkuchens wieder entdeckt zu haben, seine Kraft und Weisheit als Geschenk empfangen zu dürfen – so steinig war der Weg dorthin. Die meisten ekeln sich leider vor diesem großen blutigen Berg Fleisch und viele empfinden ein Plazenta-Ritual als „primitiv", „archaisch", bestenfalls als „unzeitgemäß". Da überlässt man es lieber dem Klinikpersonal, welches den Verkauf an die kosmetisch-pharmazeutische Industrie organisiert.

Doch das war und ist nicht immer und überall so. Welchen Stellenwert, welche Bedeutung hat die Plazenta? Was kann man tun und warum, welcher Sinn verbirgt sich in den Plazenta-Ritualen?

Die Plazenta oder Nachgeburt ist sowohl Teil vom Leib der Mutter als auch des Kindes. Über die Plazenta, „Schleckermäuler" nennen sie auch poetisch *Mutterkuchen*, erfolgte nicht nur die Versorgung des Kindes mit Nahrung, sondern auch vieles andere, welches wir mal bewusst offen „Informationsaustausch" nennen wollen. Aus der ägyptischen Kultur wissen wir, dass sie die Plazenta als „äußere" Seele ansahen, im Gegensatz zur „inneren" Seele des Körpers. Darum wird die Nachgeburt auch nie achtlos weggeworfen, sondern spezielle Riten regeln den achtvollen Umgang.

Die erwähnten Alt-Ägypter mumifizierten die Plazenta und bewahrten dieses „Bündel des Lebens" lebenslang, meist in Tempeln, auf. Den Toten wurde es dann wieder beigegeben. Diese Sitte ist noch heute in vielen Teilen Nordafrikas gebräuchlich. Meist wird sie als Talisman oder Amulett (*gri-gri*) in einen Lederbeutel eingenäht und am Leib getragen.

In Korea wird die Nachgeburt auf Reis- und Hirsespelzen gebettet und verbrannt, die Asche auf dem Weg ausgestreut. In Küstennähe übergibt man sie auch dem Meer. Die Maya-Hebammen in Guatemala wickeln die Plazenta in ein Stück Stoff und vertrauen sie den Wassern des nächstgelegenen Flusses an. Die Lakota-Frauen legten die Nachgeburt in die Astgabel eines Pflaumenbaumes, so dass sie dort von Bären gefressen werden konnte.

In manchen Kulturen ist es auch Sitte die Nachgeburt roh zu verspeisen, aber ich kenne auch eine deutsche Frau, die das tat. Was im ersten Moment unvorstellbar und eklig erscheinen mag, besieht sich in anderem Licht als durchaus sinnvoll und weise, trägt doch der *Mutterkuchen* (daher dieser Name!) einen hohen Nährgehalt und eine Vielzahl an wichtigen *Wirkstoffen*.

Nicht nur in unseren Breiten ist es üblich, die Nachgeburt zu vergraben. In Tonga übergießt man die Nachgeburt mit heißem Wasser und vergräbt sie in der Nähe eines gut begangenen Weges. Oft wird auch ein Baum (meistens Hibiskus) darauf gepflanzt. Die eingangs erwähnten Mafa verwenden hierzu sogenannte Plazentatöpfe, die von den traditionellen Hebammen meist im häuslichen Garten an einem dafür eingerichteten Platz, dem Plazenta-Urnenhain, vergraben werden. Magisch-religiöse Rituale begleiten diesen Vorgang. Fällt die Nabelschnur ab, wird ein Loch in diesen Topf geschlagen und die Nabelschnur zusammen mit Hirseblättern und Opfergaben des Festessens dem Topf hinzugegeben.

Solche Töpfe hat es bis vor kurzem auch in Deutschland gegeben. Im Odenwald wurde die Plazenta in einem Krug „an der Außenmauer des Hauses unter der Dachtraufe vergraben" (*W. Dumont du Voitel, Ethnologin*). Im Bönnigheimer Museum (Baden-Württemberg) sind mehrere dieser Töpfe ausgestellt, und es ist zumindest für den Zeitraum von 1650 bis 1900 belegt, dass „Nachgeburtsbestattungen in diesem Raum verbreitet waren" (*L. Kuntner, Ethnomedizin Uni Zürich*).

Erst seit kurzem eröffnet sich, bedingt durch den sog. technischen Fortschritt, die Möglichkeit, die Nachgeburt einfrieren zu lassen, – sozusagen als Lebensversicherung für das Kind, sollten einmal zur Heilung von Krebserkrankungen Stammzellen gebraucht werden.

Für welche Variante man sich auch immer entscheiden mag, eines hoffen wir gezeigt zu haben: die rituelle Behandlung der Plazenta ist fester Bestandteil naturreligiöser Lebensgestaltung!

Wir selbst bevorzugen das Vergraben und das Pflanzen eines Baumes. Spiritualität, Symbolik, zeremonielle gemeinsame Handlung und Lebens-Ästhetik greifen hierbei in eins: die Familie, die Sippe feiert das neue Leben, indem sie neues Leben pflanzt und einen Teil eben dieses neuen Lebens wieder an die Urmutter Erde zum Dank zurückgibt. Und wir sollten uns besinnen, dass dieses Ritual auch eine machtvolle politisch-ökologische Komponente aufweist. Indem das Land, der Boden, die Erde einen Teil von uns behütet und schützt, wird das Land, der Boden, die Erde selbst heilig – und damit ist es nicht mehr Nutz-Ware, Verfügungsmasse oder Spekulationsobjekt.

Ganzheitlich gesehen werden Land und Mensch eins – eben nicht nur spirituell, sondern ganz wirklich in Leib und Blut. Diese Zeremonie kann uns helfen, wieder zur alten Verbundenheit zurückzufinden; sie kann uns helfen Ökologie nicht nur mit dem Verstand, sondern tiefer, mit Herz und Gefühl und Seele zu erfassen. Kinder können sich wieder auf „ihrem" Land beheimaten, Familien können wieder Wurzeln schlagen und *Erbhöfe* aufbauen, Sippen- und Clanverbände die religiös-spirituell begründete materielle Grundlage erzeugen, die notwendig ist um eine freie Ausübung naturreligiösen Lebens zu gewährleisten.

Dieses Ritual begünstigt nicht nur den aktuellen Trend der Entschleunigung, sondern auch den gegen das Nomadentum der technokratischen westlichen Gesellschaften gerichteten Zukunftstrend *tribal land.* Wie dringlich dies ist, sehen wir daran, dass viele der durch Freunderl-, Misswirtschaft oder Korruption heruntergekommenen und oft insolventen deutschen Gemeinden sich nicht entblöden, – wie z.B.

in der Bodenseeregion –, selbst ihre Trinkwasserversorgung an ausländische, meist US-amerikanische Investoren zu verkaufen. Für uns ist der ungehinderte und freie(!) Zugang zu sauberer Luft, reinem Trinkwasser und unvergifteten Lebensmitteln das erste und grundlegendste Menschenrecht. Allein der Gedanke, dass wir unsere Lebensgrundlagen an sogenannte *Investoren* verkaufen, erzeugt mir Übelkeit. Diese Wirklichkeit führt uns deutlich vor Augen, dass eine rein rationale Betrachtung und Bewertung nicht ausreicht, um unsere aktuellen Probleme zu lösen. Vielmehr ist eine emotionale und auch spirituelle Bindung des Menschen an sein Land not-wendig. Es muss Grenzen geben, die festlegen: *„Dies hier steht nicht zum Verkauf!"*

Nun bleibt es aufgrund unserer jüngeren deutschen Geschichte nicht aus, dass die obigen Ausführungen direkt oder unterschwellig an die Blut-und-Boden-Ideologie der Nationalsozialisten erinnern. Das ist nicht zu verhindern, wenn man heute naturreligiöse Standpunkte vertritt. Wir fassen dieses heiße Eisen dennoch bewusst an, denn es ist an der Zeit, diese Wunden zu heilen. Ich möchte an dieser Stelle am Beispiel der Nachgeburtsriten der Maori (Ureinwohner Neuseelands) zeigen, dass es sich bei den dargelegten Gedanken um Jahrtausendealte naturreligiöse Auffassungen handelt, die zwar von Volk zu Volk und von Region zu Region in ihrer Form variieren, nicht aber in Inhalt und Substanz.

„Ich kenne jenen Ort auf dem Friedhof, auf dem Land meiner Ahnen, an dem mein *pito* (Nabelschnur) gemeinsam mit denen meiner Brüder und Schwestern bestattet ist", berichtet die Maori Matewawe – und weiter: „Es ist jener Ort, an dem auch ich einmal ruhen werde." Land war bei den Maori traditionell nicht in Privatbesitz, sondern kommunales Erbe, welches von allen bewirtschaftet und für die nachfolgenden Generationen erhalten wurde. Land war aber nicht nur die wirtschaftliche Grundlage des täglichen Lebens, sondern bot auch den spirituellen Rückhalt mit den Ahnen.

Ich zitiere nachfolgend auszugsweise aus einem Aufsatz der Ethnologin Dr. Chr. Binder-Fritz (*Curare: Gebären, 1995, S.100-101*):

„Üblicherweise wurde sowohl die Plazenta als auch das abgefallene getrocknete Nabelschnurstück der „Urmutter" Erde übergeben. ... Andererseits steht die Plazenta symbolhaft für die enge Bindung der Maori zum Land ihrer Ahnen. Mittels semantischer Symbolanalyse kann dies deutlich gezeigt werden. Das Wort für Plazenta hat ebenso wie die Bezeichnung für Schwangerschaft (hapu) und Geburt (whaka whanau) eine Mehrfachbedeutung. Die Plazenta heißt whenua. Mit dem selben Wort wird aber auch jenes Stück Land, welches der Stammesgruppe zur gemeinsamen Nutzung obliegt, bezeichnet. Die Autochthonen bezeichnen sich selbst als „tangata whenua", was soviel wie „die Menschen des Landes" oder im übertragenen Sinn „Menschenkinder der Erdmutter" bedeutet. ... Mit der rituellen Bestattung der Plazenta in die Erde bringen sie symbolisch den Kreislauf von Geburt, Tod und Wiedergeburt zum Ausdruck. Aus der Urmutter Erde sind die Menschen hervorgegangen und ins Reich der „Großen Frau der Unterwelt (A.d.A.: Dunkelheit)" Hine-Nui-Te-Po kehren die Toten zurück. Und dort in der Erde auf dem Stammesland soll auch die Plazenta, der Mutterkuchen begraben werden – jener Teil des Menschen, der mehr als nur ein „physiologisches Anhängsel" darstellt. ... Als Landstück wurde vorzugsweise eine abseits gelegene Stelle auf dem Marae oder auf dem Stammesfriedhof gewählt. An dieser, als tapu (heilig) geltenden, und oft auch als solche gekennzeichneten Stelle wurden alle Nachgeburten der Familie begraben. Durch diese Symbolhandlung wurde einerseits die Bindung an das Land der Vorfahren erneuert, andererseits wirkt sich die rituelle Bestattung – ähnlich wie andere postnatale Handlungen auch – förderlich auf die Festigung des Gruppenzusammenhaltes aus."

Kehren wir zum Ausgangsthema zurück: „Blut-und-Boden" und „blutgetränkte Heimaterde" mögen in patriarchaler Auslegung nur zum Begriff „Schlachtfeld" passen, doch bedeutet es traditionell und auch heute wieder etwas ganz anderes, wenn wir die Mutterkuchen unserer Kinder (oder die Frauen ihr Mondblut) der Heimaterde zurück geben, nämlich Dankbarkeit, Achtsamkeit und Frieden!

Gestatten sie mir noch einen ganz praktischen Hinweis zum Schluss. Hausgeburtshebammen, Frauen- und Geburtshäuser stehen den hier geäußerten Gedanken meist sehr offen gegenüber und befürworten erfahrungsgemäß das Vergraben der Nachgeburt. Anders das Personal der Kliniken. Hier werden oft haarsträubende Argumente vorgebracht, um sie davon abzubringen, die Nachgeburt mit nach Hause zu nehmen.

Doch bleiben sie selbstbewusst und stark! Die Nachgeburt ist ein Teil von ihnen, gehört zu ihnen, ist ihr Eigentum. Es gibt weder Vorschriften noch Gesetze, die ihnen ihren Mutterkuchen vorenthalten könnten, was immer sie auch nachher damit vorhaben.

Bausteine,
Sinngaben & Sinnhaftes

Auf den folgenden Seiten folgt nun eine Zusammenstellung an symbolhaften Sinn-gaben, die uns in Zusammenhang mit der Zeremonie der Lebensleite immer wieder begegnet sind. Diese Aufzählung ist natürlich nicht vollständig, und auch hier gilt: alles kann, nichts muss so gemacht werden wie hier beschrieben. Die äußeren Dinge ändern sich im Lauf der Zeit, sollte ihnen daher ein nettes kleines Ritual oder eine Symbolgabe begegnen, die hier keine Erwähnung fand, aber sich gut zum Namen des Kindes fügt oder aus ihrer eigenen naturspirituellen Tradition stammt, dann bereichert und belebt das die Zeremonie sicherlich mehr als Fremdes und Theoreti-sches.

Wir wissen aus eigener Erfahrung im Familien- und Sippenkreis, dass kein Ritu-al dem anderen glich. Jedes Kind war anders, jedes Lebensjahr der Eltern brachte uns neue Erfahrungen, Erkenntnisse und Erlebnisse, deren Essenz in die Gestaltung der Zeremonie eingewoben wurde. Das ist ja das wahrhaft Schöne und Kreative an einer naturspirituellen Lebensgestaltung: wir sind keinen Dogmen und starren Ritualsystemen unterworfen, alles gebiert sich immer wieder neu und lebendig – so wie das Leben selbst! Es gibt keine Hohepriester, keine „heiligen" Bücher, auch kei-nen Gott bzw. keine Götter und erst recht keine Ahnen, die uns zürnen, weil wir es heute anders machen als gestern. Es gibt nur uns, unser Erleben, unser Erfahren der Welt, unseren Verstand und unser Gefühl, unsere Kreativität und Lebensfreude, unsere Sehnsucht nach dem Kreis und unser Bedürfnis nach der Feier bedeuten-der Lebensereignisse (Geburt, Mondblut, Erwachsenwerden, Hochzeit und Tod).

Vielleicht helfen ihnen die nachfolgenden Überlegungen zum Wesen des Symbols dabei, ihre eigene, ganz persönliche, auf sie und ihre Belange zugeschnittene Ritualform zu finden.

Der Begriff des Symbols geht zurück auf das griechische *symbolè*, das soviel bedeutet wie *zusammenfügen, zusammenwerfen*, aber auch *flechten*. Im Symbol steht uns also der Akt der Zusammenführung, die verbindende Handlung gegenüber. Daraus erklärt sich auch die *Feindschaft* des analytischen Denkens gegen die Welt des Symbols und des Mythos. Das Symbol verweigert sich aufgrund seines Charakters dem zergliedernden Zugriff der Analyse.

Der Betrachter mag sich von allen Seiten dem Objekt seines Interesses nähern, mag es vermessen, abzeichnen, katalogisieren, etc., er wird jedoch immer nur die Aspekte der drei räumlichen Dimensionen sehen, die sich seinen Augen zeigen. Die Erkenntnis jenseits des Definierbaren, des Benennbaren erschließt sich nur dem *anderen Auge*. Für die Aufnahme der symbolischen Ausstrahlung brauchen wir spezielle Sinne, Intuition bzw. Einsicht ist vielleicht das richtige Wort dafür.

Goethe sagt es uns durch seinen Faust:

> „daran erkenn' ich den gelehrten herrn:
> was ihr nicht tastet, steht euch meilenfern,
> was ihr nicht fasst, das fehlt euch ganz und gar,
> was ihr nicht rechnet, glaubt ihr, sei nicht wahr,
> was ihr nicht wägt, hat für euch kein gewicht,
> was ihr nicht münzt, das, meint ihr, gelte nicht."

Die Sprache der Symbole zielt nicht darauf ab, mobile Ideen zu Dogmen erstarren zu lassen, sondern bietet der Geistes- und Empfindungskraft des Menschen ein weites Betätigungsfeld. Bachofen erklärt dies: „Das ist ja eben die hohe Würde und ahnungsreiche Fülle des Symbols, dass es verschiedene Auffassungen zulässt und selbst anregt, und von den Wahrheiten des physischen Lebens zu denen einer höheren geistigen Ebene führt".

Im Symbol vereinigen sich die Ebenen der Zeitlichkeit mit denen der Überzeitlichkeit, die der Wahrnehmung mit denen der Anschauung, die der Sinne mit denen der Übersinnlichkeit. Im Symbol harmonisieren These und Antithese, hier wird nicht zerpflückt, sondern vereinigt, versöhnt, zusammengeführt. Es ist weniger, wie es Nietzsche ausdrückte, das Zurschaustellen des Bedeutungsinhaltes, vielmehr liegt es im Wesen des Symbols, diesen nur anzudeuten. Auf den Menschen kann diese Andeutung wie eine mentale bzw. spirituelle Initialzündung wirken, Kräfte wecken und Prozesse in Gang setzen.

Es ist ein Vorteil des Symbols, Ideen und Bilder in sich aufzuspeichern und „auf Abruf" freizugeben, die mit keiner Sprache der Welt aussprechbar wären, die immer unaussprechbar bleiben werden. Einen weiteren Vorteil der Symbolsprache sehen wir in der gewissen Zeitlosigkeit der Auslegung und der Botschaft. Jenseits der Wortgefechte, die nur zergliedern und töten, liegt das fruchtbare Land der inneren Erfahrung und der ganzheitlichen Spiritualität, das dem Menschen den Frieden seiner religiösen Empfindung ermöglicht!

J.J. Bachofen hat den Kern der Sache so treffend erfasst, dass wir uns dem nur anschließen können: „Zu arm ist die menschliche Sprache, um die Fülle der Ahnungen, welche der Wechsel von Tod und Leben wachruft, und jene höheren Hoffnungen, die der Eingeweihte besitzt, in Worte zu kleiden. Nur das Symbol und der sich ihm anschließende Mythos können diesen edleren Bedürfnissen genügen. Das Symbol erweckt Ahnung, die Sprache kann nur erklären. Das Symbol schlägt alle Saiten des menschlichen Geistes zugleich an, die Sprache aber ist genötigt, sich immer nur einem einzigen Gedanken hinzugeben. Nur dem Symbol gelingt es, das Verschiedenste zu einem einheitlichen Gesamteindruck zu verbinden. Die Sprache reiht einzelnes aneinander und bringt immer nur stückweise zum Bewusstsein, was, um allgewaltig zu ergreifen, notwendig mit einem Blick der Seele vorgeführt werden muss. Worte machen das Unendliche endlich, Symbole entführen den Geist über die Grenzen der endlichen, werdenden Welt in das Reich der unendlichen, seienden Welt" (in: *Urreligion und antike Symbole*).

Die Symbolik des Zeichens und der Tat

Für die naturspirituellen Rituale sind die beiden Aspekte der Symbolik, nämlich die des Zeichens und die der Handlung, von starkem Interesse. Zwischen dem Feuer, mit dem wir die Kerze am Lebensleuchter entzünden und dem Streichholz, das an eine Zigarette geführt wird, besteht ein grundsätzlicher und qualitativer Unterschied. Beide Male handelt es sich um das Element *Feuer*, aber beide Feuer stehen in einem unterschiedlichen Beziehungsgefüge. Das Symbolische existiert im Ritus daher nicht als selbstverständlich, sondern muss vom Menschen immer mit neuem Leben erfüllt werden.

Die rituelle Symbolik tritt in vielen Bereichen und Handlungen an uns heran, so z. B. in der Körperhaltung, im Gesichtsausdruck, in der Bewegung der Hände, der Sexualität, aber auch in der Reaktion des Menschen auf Rhythmen und Melodien. Die stehende Körperhaltung assoziiert das Wesen des Baumes und die Symbolik der *Man*-Rune, das Liegen ruft den Menschen in die Symbolik der *Mutter Erde*, die Bewegung, das Gehen oder Schreiten setzt sich in Beziehung zur Bewegung des Kosmos. Gleichen Stellenwert hat die Symbolik der Naturerscheinungen: Sonnenlauf, Gärung, Verwesung, Keimung, etc. Symbolische Bedeutung haben aber auch Architektur, Speisen und Getränke, Kultgegenstände wie Kelche und Krüge, Zahlen und Farben.

Die Symbolik der graphischen Zeichen, der kunstvollen Schnitzarbeiten, der bedeutungsstarken Webmuster und der archaischen Runenstäbe wird oft unter den Bezeichnungen *Ornament, Dekoration, Muster, Verzierung* abgewertet. Aber das Symbol führt eben nicht nur zur Summe von Eindrücken, sondern strebt die Vermittlung einer ganzheitlichen Erfahrung an.

Das aus dem lat. *ornare* abgeleitete Wort *Ornament* hat Bedeutungen wie: Schmuck, Insignium, Auszeichnung, äußere Ehre, Ehrenbezeugung, Preis. Der Begriff *Dekoration* führt sich aus dem lat. *dekus* her und übersetzt sich mit Schmuck, Ruhm, Ehre, Verherrlichung, Tugend, Anstand, Sitte. Das Wort *Zier* hat Verwandtschaft mit dem an. *tirr* und dem ags. und as. *tir* und heißt Ruhm, Ehre. Ähnlich verhält es sich mit dem deutschen Wort *Muster*, welches auf den lat. Stamm *monstrare*, demonstrare (zeigen, weisen, lehren, loben, verherrlichen, erklären, beschreiben) zurückgeführt werden kann. Das Ornament ist somit nicht nur leeres Zeichen, sondern die verherrlichende, lobpreisende Ehrenbezeugung; die Dekoration nicht nur bedeutungsloser Schmuck, sondern die Verherrlichung und Ehrung des Gegenstandes oder des Menschen; das Muster eben nicht nur schematisches Zeichen, sondern Ausdruck des Lobes, des Wissens und der Lehre. Wir begreifen, dass die Wörter *Ornament, Dekoration, Zier, Muster* nicht die Bezeichnungen für *„schöne, aber doch sinnlose Zeichen"* (eine Bemerkung, die man oft zu Ohren bekommt) sind, sondern in ihrer Bedeutung dem Gewicht des Symbols und Sinnzeichens nahekommen. Während Symbol und Sinnzeichen mehr den inhaltlichen Aspekt betonen, bezeichnen wir mit Ornament oder Muster den Zweck, den wir verfolgen. Wenn wir also an einer Wiege, an einem Haus, an einem Lebensleuchter usw. ein *geometrisches Ornament* (= erdmessendes Schmuckzeichen!) anbringen, so ehren und verehren wir damit die Kräfte der Erde, ihr Gesetz und das Maß in ihren Jahresläufen. Stief fasst die Aufgabe der symbolischen Zeichen und Sinnbilder zusammen: „Es (Anm.: das Symbol) lehrt die Struktur der Welt, ehrt die Gottheit, wehrt (indirekt durch die positive Verehrung des guten Göttlichen, nicht eigentlich durch *magischen Bann*) dem Bösen und beschert und mehrt damit (wiederum ohne eigentlichen *Zauber* und eigentliche *Beschwörung*) das Heil und das Glück. Das *Signum* (Zeichen) *segnet"* (in: *Heidnische Sinnbilder an christlichen Kirchen*).

Treumundschaft und Symbolon

Jedes Neugeborene erhält aus dem Kreis der Sippe und der Freunde heraus möglichst zwei Menschen unterschiedlichen Geschlechtes beigestellt, die sich verpflichten, das Kind im Falle der Verhinderung der leiblichen Eltern (Tod etc.) in gleichem Sinne zu erziehen. In christlichen Kreisen wird diese Person *Pate* genannt (von lat. *pater spiritualis* = geistlicher Vater), in vorchristlichen Zeiten waren Namen wie *Gevatter/in, Göde/in* und *Ziehvater* bzw. *-mutter* gebräuchlich. In heutiger Zeit hat sich größtenteils der Begriff des *Treumundes* durchgesetzt, denn Treumund heißt nichts anderes wie *Getreulich Schützender*! Die Treumundschaft sollte ein bereits mit Kindern gesegnetes Ehepaar übernehmen, die aus der gleichen Generation wie die Eltern stammen. Die Wahl kann dabei sowohl auf Blutsverwandte wie auch auf gute Freunde der Eltern fallen. Der Treumund tritt allerdings nicht erst im Notfall auf den Plan, sondern sollte von Seiten der Eltern und auch von sich heraus in alle feierlichen und heiligen Handlungen der Familie mit eingebunden werden. Die Treumundschaft kann nur dann ihren wahren Sinn entfalten, wenn das heranwachsende Kind im Treumund einen richtigen Freund und Mentor gewinnt. Dies setzt aufrichtiges Bemühen um das Kind von Seiten des Treumundes voraus.

Der Treumund kann auf den archaischen Brauch des zweigeteilten Gegenstandes zurückgreifen. Trennten sich zwei treue Freunde, so zerbrachen sie zum Zeichen ihrer Zusammengehörigkeit ein Täfelchen, einen Ring, eine Münze oder einen anderen geeigneten Gegenstand. Das Bruchstück mit der nur ihm eigenen charakteristischen Trennkante, welches jeder an sich nahm, hieß *Symbola*: die Beurkundung der Freundschaft für alle Zukunft. Das verwandte gr. *symbolon* übersetzt sich mit *Übereinkommen, Kennzeichen*.

Dieses Amulett soll vom Treumund in eigener künstlerischer Leistung hergestellt werden. Die charakteristische Trennkante entsteht im Moment des Durchbrechens, im Anschluss an das Versprechen. Als Material wähle man Kupfer, Eisen, Silber, Gold, (Edel-)Stein, Keramik oder Hartholz. Treumund und Kind erhalten je einen der beiden Teile des Amulettes, welches z. B. dann als Halsumhänger getragen werden kann.

Löffel, blaues Band und Kranz

Mit dem Silberlöffel erhält das Neugeborene nicht nur ein wertvolles Geschenk, sondern das erste und gleichzeitig wichtigste Utensil für den weiteren Lebensweg: das unverzichtbare Instrument zur Nahrungsaufnahme! Auf dem Griff sind Vorname und Geburtsdatum eingraviert. Dieser Löffel soll fortan in tagtäglichem Gebrauch stehen, keinesfalls als „heilige und unantastbare Reliquie" sein tristes Dasein auf einem Altar oder gar in der Schublade fristen. Im Ritual kann das Kind im Zuge der Übergabe mit süßem Getreidebrei, Fruchtmus oder gar Honig (je nachdem was das Kind schon verträgt) gefüttert werden. Wie alt dieser Brauch ist, zeigt uns die

umgangssprachliche und flapsige Redewendung „den Löffel abgeben", wenn man die letzte Reise antritt.

Das blaue Band symbolisiert die Ahnenlinie als auch Himmel und klares Wasser (göttliche und Erd-Kräfte). Blau ist gleichzeitig die Farbe des Adels und des Edlen.

Mit dem Kranz aus Immergrün übergeben wir dem Kind symbolisch die Kraft der Pflanzen, der Natur, des Wachstums, ja des Lebens generell. Immergrüne Pflanzen sind z. B. Buchsbaum, Wacholder, Eibe oder auch das Neunerlei als Mischung aus heimischen Kräutern. Schön für ein Mädel ist auch ein Kranz aus typischen Frauenkräutern wie Schafgarbe oder Frauenmantel.

liebe solveig!

sonne bist du, weg bist du,
und der morgen des 21. august erstrahlt in einem hellen licht!
die nacht war still und erwartungsvoll, sternenklar und lau.
doch vibrierte etwas in uns und um uns und trug einen kampf aus,
zwischen schicksalsfügung und freiheitswille.
es war die sonne, die in unserem herzen heranwuchs,
doch noch nicht wagte, die dunkelheit zu brechen.

und dann dein schrei …
und ein neues leben erhellt den tag.

solveig – für mich bist du die sieghafte
eines wundervollen morgens.

den grünen kranz der weiblichkeit,
das blaue band der treue und der tat,
einen silbernen löffel reiche ich dir.

dein treumund will ich sein
und dafür sorge tragen,
dass deine wunderschönen blauen augen
die tiefe und die reinheit bewahren,
dein ganzes leben lang!

deine freundin.

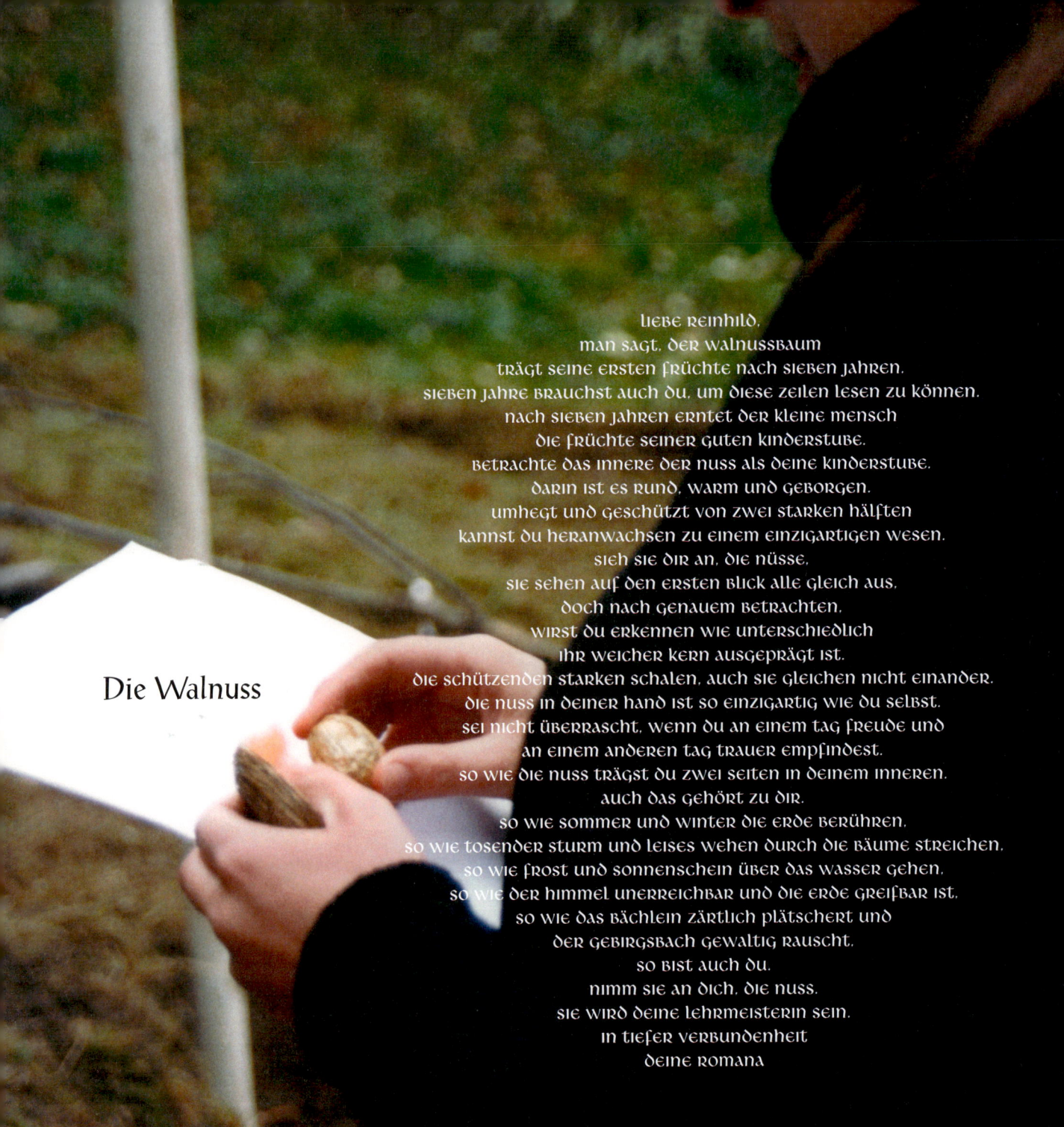

Die Walnuss

LIEBE REINHILD,
MAN SAGT, DER WALNUSSBAUM
TRÄGT SEINE ERSTEN FRÜCHTE NACH SIEBEN JAHREN.
SIEBEN JAHRE BRAUCHST AUCH DU, UM DIESE ZEILEN LESEN ZU KÖNNEN.
NACH SIEBEN JAHREN ERNTET DER KLEINE MENSCH
DIE FRÜCHTE SEINER GUTEN KINDERSTUBE.
BETRACHTE DAS INNERE DER NUSS ALS DEINE KINDERSTUBE.
DARIN IST ES RUND, WARM UND GEBORGEN.
UMHEGT UND GESCHÜTZT VON ZWEI STARKEN HÄLFTEN
KANNST DU HERANWACHSEN ZU EINEM EINZIGARTIGEN WESEN.
SIEH SIE DIR AN, DIE NÜSSE,
SIE SEHEN AUF DEN ERSTEN BLICK ALLE GLEICH AUS,
DOCH NACH GENAUEM BETRACHTEN,
WIRST DU ERKENNEN WIE UNTERSCHIEDLICH
IHR WEICHER KERN AUSGEPRÄGT IST.
DIE SCHÜTZENDEN STARKEN SCHALEN, AUCH SIE GLEICHEN NICHT EINANDER.
DIE NUSS IN DEINER HAND IST SO EINZIGARTIG WIE DU SELBST.
SEI NICHT ÜBERRASCHT, WENN DU AN EINEM TAG FREUDE UND
AN EINEM ANDEREN TAG TRAUER EMPFINDEST.
SO WIE DIE NUSS TRÄGST DU ZWEI SEITEN IN DEINEM INNEREN.
AUCH DAS GEHÖRT ZU DIR.
SO WIE SOMMER UND WINTER DIE ERDE BERÜHREN,
SO WIE TOSENDER STURM UND LEISES WEHEN DURCH DIE BÄUME STREICHEN,
SO WIE FROST UND SONNENSCHEIN ÜBER DAS WASSER GEHEN,
SO WIE DER HIMMEL UNERREICHBAR UND DIE ERDE GREIFBAR IST,
SO WIE DAS BÄCHLEIN ZÄRTLICH PLÄTSCHERT UND
DER GEBIRGSBACH GEWALTIG RAUSCHT,
SO BIST AUCH DU.
NIMM SIE AN DICH, DIE NUSS.
SIE WIRD DEINE LEHRMEISTERIN SEIN.
IN TIEFER VERBUNDENHEIT
DEINE ROMANA

Glückshemdchen

So nennt man das erste Hemdchen, welches dem Neugeborenen angezogen wird. Dieses Hemdchen soll von Generation zu Generation weitervererbt werden.

Glückwunschkasterl

In dieses Kästchen geben alle Teilnehmer der Lebensleite ein kleines Zettelchen mit guten Wünschen, Lebensweisheiten oder einer kleinen Sinngabe hinein. Das Kasterl bleibt verschlossen, bis es im Rahmen der Jugendleite oder der Mondblutfeier wieder geöffnet und die Zettelchen vorgelesen werden.

Der Lebensleuchter

Im Lebensleuchter vereint sich die Symbolik des Lebenslichtes mit der handwerklichen bis künstlerischen Interpretation der Namensbedeutung. Dabei werden Material, Form, Design und Symbolismus passend zum Namen gewählt. Ein solcher Leuchter kann aus Holz, Metall, Ton oder anderen Materialien gefertigt werden. Sofern es die handwerklichen Kenntnisse und Fähigkeiten zulassen, ist ein Eigenbau der Auftragsarbeit vorzuziehen. Der einfachste Leuchter greift auf die Grundform der *Man*-Rune zurück, wobei der Name des Kindes eingebrannt oder (kerb-)geschnitzt wird.

und dessen zum zeichen
zünde ich das lebenslicht
unseres jüngsten an
am alten licht der sippe.

brenne hell und brenne lange,
gib viel wärme und wenig schlacke!
bringe keinem unheil,
sondern leuchte vielen voran!

Die Nornen

In der nordgermanischen Überlieferung liegt das Schicksal des Neugeborenen in den Händen der Nornen. Die Völuspa gibt uns darüber Auskunft: „Des Lebens Lose legten sie fest den Menschen Kindern". Der Name *Norne* deutet daraufhin, denn man führt ihn auf me. *nyrnen = hersagen* und schw. *nyrna, norna = heimlich mitteilen* zurück.

Obwohl man nicht sicher sagen kann, ob die Namen der drei Nornen, nämlich *Urd*, *Verdandi* und *Skuld*, auf altgermanische Sprachschöpfungen zurückzuführen sind, ist es zulässig, das Prinzip der Dreiheit bzw. Mehrzahl für die schicksalsbestimmenden Kräfte diesen Quellen zuzuschreiben. Ursprünglich dürfte die Zahl der Geburtsnornen unbestimmt gewesen sein, denn da jeder Mensch eine nur für ihn gültige Geburtsnorne, d.h. nur ein für ihn persönlich gültiges Schicksal hatte, vervielfältigte sich ihre Zahl ins Unendliche. Im Lauf der Zeit verdichtete es sich jedoch zu der uns heute bekannten Dreiheit.

Der Name *Urd* (an. *urdr*) geht auf das as. *wurd*, das ags. *wyrd* und das ahd. *wurt* zurück, welche sich aus der indogermanischen Sprachwurzel *uert*, was soviel bedeutet wie *winden, flechten*, herleiten. Die Wurd bzw. Urd ist also die Weberin und in der englischen Volksüberlieferung werden die drei jungfräulichen Schwestern nicht wie im deutschsprachigen Raum mit drei individuellen Namen belegt, sondern als unteilbare Dreieinheit mit der Bezeichnung *weird sisters* belassen (*weird* bedeutet in der schottischen Sprache auch heute noch „unabänderliches Schicksal"). Demzufolge sind die Nornen also diejenigen, die bei der Geburt des Menschen dessen Schicksal festlegen und sein Los bestimmen. Dringen wir tiefer in den Mythos ein, so erfahren wir, dass die Nornen die Hüterinnen des immergrünen Baumes und des ewig fließenden Brunnens sind. Jeden Tag schöpfen sie das Wasser aus dem Brunnen und begießen damit den Weltenbaum, damit dessen Zweige weder faulen noch hart werden. Dieses heilig-heilende Wasser aber „hat nach der deutlichen Darstellung Snorres nach altem Glauben die Fähigkeit, allem, was es benetzt, den Nimbus mitzuteilen, d.h. jenen schimmernden Glanz, der „um die gemeine Deutlichkeit der Dinge den goldenen Duft der Morgenröte" (*Schiller*) legt. Müssen wir hier die Erklärung der heidnischen Wasserweihe suchen?

… ich habe deine stirn getauft
mit heiligem wasser,
mit drei tropfen netze ich sie.
die kraft des windes sei mit dir,
die kraft des mondes,
die kraft der sonne …

auszug aus einem alten irischen segen

Obwohl christliche Einflüsse nie ganz auszuschließen sind, können wir von authentischen heidnischen Vorstellungen ausgehen, die sich durch die Tatsache, dass auch bei den Sami drei Geburtshelferinnen, und zwar *Sarakka, Juksakka* und *Uksakka*, bekannt sind, untermauern lassen. Jan de Vries berichtet uns zusätzlich noch von der Sitte, der Wöchnerin einen Brei zu kochen und verweist auf die offensichtliche Übereinstimmung zwischen *Sarankanpurro* (samisch) und *Nornengrütze* (nordisch).

Im Tantrismus ist es Kali in ihren drei Aspekten als Schöpferin, Erhalterin und als Zerstörerin. Sattva, die Jungfrau, spinnt den weißen, Raja, die Mutter, den roten und Tamas, die weise Alte, spinnt den schwarzen, *gunas* genannten, Schicksalsfaden. Bei den Griechen war es Klotho, „die den Schicksalsfaden spinnt, Lachesis, die ihn zumisst und Atropos, die ihn abschneidet" (*Barbara Walker*).

Nach Walker soll im zwölften Jahrhundert der Bischof von Exeter seine Gemeinde wegen des Brauches gescholten haben, „nach einer Kindsgeburt die Drei Schwestern ins Haus (und zu Tisch) zu laden, damit dem Neugeborenen ein gutes Geschick zuteil würde."

Kehren wir zu den schicksalswebenden Nornen zurück: von der Geburt des Helgi wird berichtet, dass die Schicksalsfrauen ein goldenes Seil am Himmel aufspannen, die beiden Enden im Osten und im Westen bergen, aber einen Faden aus dem Seil nach Norden werfen. Die Originalstelle in Helgakvidha Hundingsbana lautet: „In alten Zeiten, als Aare sangen, heilige Wasser rannen von Himmelsbergen. … Nacht in der Burg war's, Nornen kamen, die dem Edeling das Alter bestimmten. … Sie schnürten scharf die Schicksalsfäden, dass die Burgen brachen in Bralundr. Goldene Fäden fügten sie weit, sie mitten festigend unterm Mondessaal. Westlich und östlich die Enden bargen sie, in der Mitte lag des Königs Land. Einen Faden nordwärts warf Neris Schwester, ewig zu halten hieß sie dies Band".

Schmuckgeschenke an das Neugeborene

Die Spirale

Ebenso wie der Kreis ist die Spirale bzw. der Wirbel ein Symbol des Sonnenkultes und der bewegenden Kräfte des Lebens. Die Spiralgesetzlichkeit der Natur zeigt sich uns in der Entwicklungsgeschichte der Menschheit und der Kulturen, in dem spiralartigen Aufbau der Pflanzenwelt und in den Spiralnebeln der Galaxien. Sie zeigt sich uns aber auch in den Prozessen der Evolution–Involution und in dem spiraligen Aufbau der Doppelhelix der DNS.

Heide Göttner-Abendroth schildert die spirituelle Symbolik der Spirale ähnlich: „Wer ins Innere der Spirale ging, suchte das Zentrum des Lichts, der Ekstase, den göttlichen Höhepunkt, und danach wurde in einer Kehrtwendung das Licht von innen nach außen in die Welt getragen". Der Mittelpunkt der Spirale steht im Zeichen des Todes, „zusammengekauert in der innersten Windung kam alles zur Ruhe, doch die Hockstellung des Toten verwandelte sich in die des Embryos, der wiedergeboren werden wollte" (in: *Die tanzende Göttin*). Der Mittelpunkt der Spirale birgt das Schlangenei, er birgt die druidische Weisheit, wonach der „Tod die Mitte eines langen Lebens" ist.

Die Schlange

Durch ihre Fähigkeit der periodischen Häutung symbolisiert die Schlange die Prozesse der Erneuerung, der Verwandlung, der Neugeburt. Die Schlange, die sich in den Schwanz beißt (*Uroboros*), steht für den ewigen Kreislauf, die Unsterblichkeit der Seinsprinzipien und der formenden Kräfte. Als *Uroboros* manifestiert sie die lebendige Kreislinie, sie ist die Hüterin der *heiligen Mitte*, aus der sich das Leben erneuert.

Die Irminsul

Dieses Sinnbild findet häufige Verwendung in den Kreisen, die ihr heidnisches Wissen aus der nordischen Überlieferung beziehen. Der nach unten offene linke Halbbogen ist das Sinnbild des kleinsten Sonnenbogens. Der Stab dazwischen markiert die Unterscheidung des alten und neuen Jahres, den „Augenblick zwischen den Zeiten", er kann auch die Darstellung eines sog. „Sonnenvisiers" sein, mit dessen Hilfe man den Tag der Wende bestimmte. Der rechte Halbbogen ist somit als der erste Sonnenlaufbogen des neuen Jahres zu verstehen. Links und rechts treten sonnenkultische Symbole hinzu.

Die Irminsul ähnelt auch der Tyr-Rune und wird zur Weltensäule, die das Universum trägt (Irminsäule). In Anlehnung an den Charakter des nordischen Gottes Tyr steht sie im Mittelpunkt der Welt und wacht über Gesetz und Recht.

Das Pentagramm

Der Drudenfuß oder das Pentagramm ist ein in Hexen-/Wiccacoven und magischen Frauenzirkeln gebräuchliches Symbol. *Thrud* heisst altnordisch *Kraft* oder *Macht*. Thrud war aber die Tochter des Donnergottes Thor und der goldenen Sif. Thrud ist gleichzeitig Walküre und der *Druden- bzw. Thrudenfuß* wäre somit die Fußspur einer Walküre, also die Spur eines göttlichen wohlwollenden Wesens. Die Gestalt des Pentagramms leitet sich aus dem Fußabdruck des Schwanes ab, dem göttlichen Vogel, in den sich die Walküren verwandeln können bzw. der als Totemtier der Walküren angesehen werden kann.

Das Pentagramm symbolisiert im modernen Hexenglauben den menschlichen Körper (vier Glieder und der Kopf, die fünf Sinne, die vier Elemente plus der „Quintessenz" und die fünf Stadien des Lebens: „1. Geburt: der Beginn, die Zeit des Eintritts in das Sein; 2. Initiation: die Jugend. die Zeit der Individuation; 3. Liebe: die Zeit der Vereinigung mit dem Du, des Erwachsenseins, der Sexualität, der Verantwortung; 4. Reife: die Zeit des fortgeschrittenen Alters, des Nachdenkens, der Integration, der Weisheit; 5. Tod: die Zeit des Endes, des Loslassens, des Voranschreitens zur Wiedergeburt." (*Miriam Simos*)

Der Hammer

Thor, der nordische Donnergott, trägt als Waffe einen Hammer namens *Mjölnir*. Die Form des Hammers hat sich aus der älteren und im gesamten indogermanischen Raum verbreiteten Form der Doppelaxt entwickelt. Beide Symbole gehen auf die schöpferische Dualität des Blitzstrahles zurück, die sowohl den befruchtenden, als auch den vernichtenden Aspekt des Lebens in sich trägt. Das Wort *Hammer* kann aber auch als *Hamar*, also als Zusammenziehung von *Ham* (= Heim) und *Ar* (= Aar) gesehen werden. Damit erweitert sich die Bedeutung erheblich: Der Hammer ist nicht nur das Zeichen des *Heim-Rechtes*, sondern in Verbindung mit dem Aar als Sonnenvogel auch das des *Sonnen-Heimes*. So wie der Hammer auf der praktischen Ebene das grundlegende Werkzeug jeder schöpferischen Tat ist, so wurzelt in ihm auch die stoffliche und geistige Gestaltungskraft des rechten und wissenden Gebrauches. Aus Grabfunden wissen wir, dass Nachbildungen dieses Hammers aus Silber als Amulette getragen wurden.

Der Traumfänger

Es ist heute ein weit verbreiteter Brauch, dem Neugeborenen einen Traumfänger ans Bett zu hängen. Die Esoterik-Welle spülte diese indianische Tradition vor ca. 20 Jahren an unsere Gestade. Im Netz des Traumfängers sollen sich die bösen Gedanken und Träume verheddern, während die guten durchgelassen werden. Der erste Strahl der Morgensonne zerstöre dann die – wie in einem Spinnennetz klebenden – bösen Träume der Nacht. Unsere Kinder lässt diese Geschichte ruhig schlafen, doch sollten wir Erwachsene nicht zu sehr drüber lächeln, denn es verbirgt sich viel schamanische Weisheit darin. Ist es nicht so, dass wir als Menschen nicht am Dunkel an sich leiden, sondern am Unausgesprochenen, welches sich im Dunkel verbirgt, am Unklaren, welches im Dunkel lauert, oder am Nachtmahr, ewig wieder kehrend und empor steigend aus dem Unbewussten, der unsere Lebensenergie saugt, bis er – gleich einem Vampir – von den ersten Sonnenstrahlen getötet wird? Tod meint hier nicht Zerstörung, sondern im naturreligiösen Verständnis vor allem Transformation, also das Herausholen des Unbewussten aus dem Dunkel in das Bewusste des Lichts. Sind die Dinge erstmal erkannt und können wir sie benennen, ist meist der Schrecken gebannt.

Seelen- oder Milchname

Name und Seele werden nicht nur im mythischen Denken gleichgesetzt, sondern haben oft auch ähnliche Bezeichnungen, so z. B. *ainm* (irisch für Namen), *anim* (irisch für Seele), *anu* (walisisch), *imen* (altbulgarisch), *naman* (sanskrit), *onoma* (griechisch), *anima-nomen-numen* (lateinisch).

Jedes ägyptische Kind trug einen Seelennamen, den *ren*, den es von seiner Mutter ins Ohr geflüstert bekam, wenn es zum ersten Mal an der Brust gestillt wurde. Chinesische Kinder erhielten mit dem ersten Reis einen „Reisnamen" und bei den Franzosen ist es der *nom de lait*, der sog. „Milchname".

Vom Rumpelstilzchen wissen wir, dass es die öffentliche Kenntnis dieses geheimen Namens war, die seinen Untergang herbeiführte. Der Name Allah für den Gott der Moslems erklärt sich auch durch die milchgebende Göttin Al-Lat.

Nabelschnursäckchen

Dieses Säckchen birgt die getrocknete Nabelschnur als Symbol der unauflöslichen Verbindung von Mutter und Kind.

Die folgenden Seiten zeigen uns authentische Rituale, bild- und wortgewaltig, persönlich und individuell.
Wir sehen, wie unterschiedlich man dieses Ritual feiern kann: man braucht weder große Gärten noch tolle Kostüme, es gibt kein *Richtig* oder *Falsch*, original germanisch, keltisch oder indianisch – wen kümmert das?
Eine ehrliche tiefe naturspirituelle Sehnsucht im Herzen reicht aus!
(Die auf den folgenden Seiten gezeigten Personen, Gefühle und Rituale sind authentisch. Bitte lesen Sie diese Seiten mit der gleichen Ehrfurcht, wie sie zur Verfügung gestellt wurden.)

Ritualbeispiele

Lebensleite für Merlin Friedrich

- Allgemeine Begrüßung der Gäste
(riesige Kuchenbretter trocknen in der Sonne,
kurz bevor ein Buffett die ankommenden Gäste begrüßt)
  - Gebets- und Glückwunschfahnen werden in die
fünf Lebensbäume gebunden, die bereits auf dem
Grundstück stehen
  - Ein Reigentanz führt die Gäste über das Grundstück
  - Anrufung der Elemente und Ziehen des Kreises
  - Räucherung
  - Die Eltern sprechen
  - Die Mutter weiht den Sohn mit Quellwasser
  - Der Vater vollzieht die Namensgebung
    - Die Großeltern weihen das Kind und
übergeben Löffel und blaues Band
    - Gemeinsames Lied:
Wahre Freundschaft
    - Ein Reigentanz löst
den Ritualkreis und
führt in Richtung Bankett

Würdigung
Mutter und Vater und alle Verwandten
bezeugen den neuen Raum

Geburt
Die Frau mit dem Mann
öffnet den alten Kreis

Konzentration
Mann und Frau gehen zum
Mittelpunkt

Verantwortung
Mann und Frau
erschaffen
heiligen Raum

Reigen
zur
Lebensleite

Unser Atem bist Du
Hauch - der Ewigkeit /:

Unser Blut bist Du
Fluss - der Ewigkeit /:

Unser Körper bist Du
Fels - der Ewigkeit /:

Unser Samen bist Du
Glut - der Ewigkeit /:

Falle, dränge, stürze ins Leben
Die Göttin fängt Dich auf

Finde, sammle, gestalte den Kreis
Die Göttin geht neben Dir -
mit Speer und praller Brust

Behüte, bewahre, behege Dein Schicksal
Die Göttin ehrt - Dein graues Haar der Weisheit

Verblasse, vergehe, verblühe im prallen Leben
Die Göttin gebiert Dich neu

Dein Name sei Merlin Friedrich
(der um den Zauber des Friedens weiß)

Die Großmutter spricht Segenswünsche und der Großvater reicht auf dem silbernen Löffel süßen Honig

84

Frühsommer, üppiges Grün sprießt
aus allen Poren des Landes.
Gebetsfahnen zieren die Lebensbäume dieses Hags.
Kein Zaun, keine Grenze – freier Blick.
120 Menschen, jung und alt,
nehmen an der langen Tafel Platz.
Ein Nebentisch kredenzt die Speisen,
die jeder mitgebracht hat.
Mir läuft ein wohliger Schauder über den Rücken,
werde ich je wieder an solch einer Tafel sitzen?
Und in mir nur tiefe, tiefe Dankbarkeit.

Lebensleite für Robin Alexander

Der Wunsch, ein Kind zu bekommen und wie alles anfing

Ich war damals 34 Jahre alt. In drei Schwitzhütten habe ich die große Göttin darum gebeten, mir ein Kind zu schenken. Vorbereitend zum Imbolg-Ritual formte ich eine gesichtslose, hochschwangere Fruchtbarkeitsgöttin, mit dickem Bauch und Milch tragenden Brüsten.

Das Imbolg-Ritual

Zu Imbolg/Lichtmess habe ich die von mir geformte Schwangere mit ins Ritual genommen und ihr einen zentralen Platz in unserer heiligen Mitte gegeben. Mit Gebeten und Gesängen legten wir symbolisch unsere Ideen, Wünsche und Visionen als Samenkörner tief in die Erde. Zu diesem Zeitpunkt war ich allerdings schon schwanger, ohne es zu wissen, denn die Befruchtung muss kurze Zeit nach dem Formen der Tonfigur stattgefunden haben.

Die Schwitzhütte zur Geburtseinleitung

Die Schwangerschaft verlief ohne Komplikationen, ich wurde immer dicker und runder und glich zuletzt der von mir geformten Göttin. Nachdem der errechnete Entbindungstermin einige Tage überschritten war, kreierten mein Mann Roland und ich spontan eine Schwitzhüttenzeremonie, um die Geburt einzuleiten. Robin, der ja noch im Bauch war, hat mir auf seine Art zu verstehen gegeben, dass er damit einverstanden sei. Freunde und Bekannte wurden eingeladen, und auch meine Hebamme Katja nahm teil.

Unsere Schwitzhüttenzeremonie orientiert sich an der Tradition der Krähen (Crow, Montana) und hat folglich vier Runden (4 Rassen, 4 Elemente, 4 Himmelsrichtungen). Wir behielten diese Struktur bei, passten aber die Zeremonie auf die Bedürfnisse einer Geburtsvorbereitung an.

Wir sitzen nackt auf dem Boden, mit direkter Verbindung durch Körperkontakt (Nabelschnur) zu Mutter Erde. Steine werden in einem Feuer zur Rotglut erhitzt. Das Feuer der Inspiration hilft, unsere Visionen zu erkennen und zu schmieden. Der Rauch von Kräutern trägt unsere Gedanken und Gebete nach oben und verbindet

mitakuye

Uralte Mutter, ich höre dein Rufen
Uralte Mutter, ich höre dein Lied
Uralte Mutter, ich höre dein Lachen
Uralte Mutter, ich schmecke deine Tränen
Uralte Mutter, nimm mich auf in deine Arme
Breite deinen schützenden Mantel über uns aus
Uralte Mutter, nähre uns an deinen Brüsten
Uralte Mutter, schenke uns deine Weisheit

uns mit dem großen Geist. Wenn wir Wasser auf die glühenden Steine gießen, steigt heißer Dampf auf, fällt auf uns herab, nimmt mit, was wir nicht mehr brauchen, schwemmt es aus, reinigt und heilt uns. Der Schweiß fließt in die Erde, die Trommel begleitet unsere Lieder. Wenn wir aus der Schwitzhütte austreten, sind wir gereinigt (Wasser), geräuchert (Luft), geläutert (Feuer) und geerdet (Erde). Dieser Prozess gleicht einer Geburt, neugeboren treten wir zurück ins Licht der Welt.

Roland räuchert in den Runden nacheinander mit Weißem Salbei, Lavendel, Myrrhe und Tuja. Wir beten für eine natürliche Geburt, für die Bereitschaft des Kindes in diese Welt zu treten und auch dafür, dass ich mich als Gebärende für das Kind öffnen kann. Wir beten in Dankbarkeit, denn das ist der einzige Friede, den es gibt. In der dritten Runde werden zehn Aufgüsse gemacht für die zehn Monde, die das Kind im Bauch der Mutter heranwächst.

Diese Zeremonie hat in der Nacht vom siebten auf den achten Oktober stattgefunden. Am nächsten Morgen platzt die Fruchtblase, gegen Mittag setzen die ersten Wehen ein, kurz vor Mitternacht wird mein Sohn geboren.

Namensgebung und Taufe zu Samhain

Den Mutterkuchen haben wir gleich am Fuße unserer Hof Eiche der Erde übergeben. In der Samhain-Nacht einige Wochen später wird Robin als neuer Erdenbürger rituell begrüßt und mit den vier Elementen getauft.

Ich segne ihn mit feuchter Erde, „auf dass du verbunden mit deiner Mutter, der Erde und frei für diesen Planeten bist."

Roland segnet ihn mit dem Rauch heimischer Kräuter, „auf dass ein freier Geist in dir wohne und die Kraft der Inspiration dich dein Leben lang begleite."

Sein Feuerpate zieht mit einem brennenden Stab einen Lichtkreis um ihn, „auf dass das Feuer deine Kreativität und Willenskraft stärke und dir lebenserhaltende Wärme spende."

Die Taufpatin Andrea ist evangelischen Glaubens und netzt sein Haupt mit frischem Quellwasser, „im Namen des Vaters, des Sohnes und des Heiligen Geistes."

Alle anderen schenken Sinngaben, meist mit kleinen Ansprachen an uns Eltern und das Kind. Nach dem gemeinsamen Ritualessen bedanken wir uns beim Kleinen Volk, bei Gott und Göttin und stellen etwas vom Ritualessen für die Geister und Ahnen in den Wald.

oyasin

Die Wassergeburt von Florian

Schon ziemlich bald in der wunderbar verlaufenen Schwangerschaft wird für mich
spürbar: ich werde dieses Kind (dessen Name ich geträumt habe) zu Hause gebären. Da, wo ich mich wohl und geborgen fühle!

Unterstützt werde ich darin von meiner Hebammenfreundin Ursa, die mir vor
allem in den letzten Wochen immer wieder Watsu-Sitzungen gibt, – ein Tanz im
Wasser, in dem ich mich bewegen und strömen lasse, einfach loslasse, mitfließe
... so muss es sich wohl für das Wesen in meinem Bauch anfühlen – einfach im
Fruchtwasser treiben, dabei geborgen gehalten werden.

So entschließe ich mich denn auch für eine Wassergeburt, für die ich mir eigens
ein großes Geburtsbecken ausleihe.

Es ist Winter und recht kalt in diesen Rauhnächten. Zum ersten Mal frieren
die Wasserleitungen in unserem ausgebauten Stall zu! Und das ausgerechnet kurz
vor der Geburt! Obwohl ich nicht in Frieden damit bin, versuche ich den Wunsch
nach Wassergeburt loszulassen.

Da besucht uns ein guter Freund, der mit vielen Verbindungsschläuchen den
Anschluss zum Nachbarn legt und noch in derselben Nacht gegen 2.00 Uhr morgens wache ich auf, um das erste Ziehen im Unterbauch zu bemerken.

Da ich nicht weiß, was in dieser – meiner ersten Geburt – auf mich zukommt,
wecke ich kurz meinen Mann Helmut, der schlaftrunken aufschaut und trocken
meint: "Ja, es geht los, aber Du hast noch Zeit ..."

Jetzt bin ich aufgeregt: es geht los! Freude, Erwartung, Neugierde und ein wenig
Angst machen sich breit. Gleichzeitig bin ich innerlich ganz ruhig. Ich meditiere,
ich sinniere die ganze Nacht auf einem Fell am knisternden Ofen ...

Am Morgen wird der Geburtsraum weiter vorbereitet, die Hebamme antelef-
oniert und alle Menschen, die ich gerne dabei haben möchte – mit mir insgesamt

neun! Ich behalte mir die Freiheit vor, alle Freunde raus zu schicken, wenn es mir zuviel wird ...

Als Ursa hereinkommt, sitze ich gerade bei einlaufendem Wasser im Becken und bei ihrer Ankunft laufen mir die Tränen über die Wangen, so gerührt bin ich davon, dass es jetzt wirklich losgeht.

Die Wehen kommen rhythmisch wie Wellen, mal mehr und mal weniger stark. In jeder Wehe stelle ich mich wie ein Hund auf alle Viere, um in dieser Stellung am besten zu atmen, dem Schmerz zu begegnen.

Meine Freunde sind um das Geburtsbecken versammelt, atmen und tönen laut mit mir, spüren, sind leise, wenn ich das brauche.

Am leichtesten gelingt es mir zu entspannen, als Amod Didgeridoo bläst. Diese Vibrationen tun unglaublich gut und jedes Mal, wenn er aufhören möchte, bitte ich ihn weiter zu spielen. Dies muss wohl stundenlang so gegangen sein – ein echter "Dienst" für mich.

Zwischendurch überkommen mich Zweifel: wie soll ein solch dicker Kopf durch mein schmales Becken passen? Andererseits haben schon Milliarden Frauen vor mir geboren ...

Ein Satz meines ersten Gynäkologen kommt mir nach etlichen Jahren wieder ins Gedächtnis: "... meine Gebärmutter sei leicht abgeknickt und dies könne zu Schwierigkeiten beim Gebären führen." Das glaube ich nun fast auch!

Als die Schmerzen unerträglich stark werden, frage ich Ursa, ob es nicht doch etwas gäbe, um sie zu mindern. Sie bleibt (wie vorher abgesprochen) konsequent bei ihrem NEIN!

Nun fragt Helmut mich, ob gerade ein Krafttier zu mir kommen möchte, um mich zu unterstützen – und sofort ist die Wölfin da! Ich jaule aus tiefster Seele meinen Wehenschmerz raus und auf einmal sind wir alle ein Rudel Wölfe, jede(r) jault und heult mit mir! Es wird leichter im loslassen und mich hingeben.

Zwischenzeitlich versuche ich mich "an Land", stelle aber schnell fest, dass es mir im Wasser viel besser geht.

Auch bin ich froh nicht ständig mit Bauchgurt am Wehenschreiber zu liegen, sondern die Herztöne meines Kindes werden mit einem hölzernen Höhrrohr abgehorcht. In meinem Innersten weiß ich ganz stark, dass dieses Kind geboren werden will – also fühle ich auch keine Angst! Das genügt mir völlig, am liebsten darf gar niemand an meinem prallen Bauch drücken!

Zeitweise erlebe ich diese "Urgewalt" in Bildern – z.B. als reißenden Gebirgsbach, der mit Vehemenz alles mögliche Geröll und Steine mit sich nimmt – während von innen meine Yoni aufgerissen wird. Mein Freund Mario bietet mir in so einem Moment einfach seinen Unterarm an zum reinbeißen. – Ich kann es nicht, und beiße lieber in den Badewannenrand.

Meine Füße und mein Kreuzbein werden massiert – ich weiß noch nicht mal von wem – und es ist auch völlig egal. Ich fühle Unterstützung – auch wenn wir beide (Florian und ich) da alleine durchmüssen.

Zwei meiner Freunde/innen sitzen einfach nur da und meditieren, strahlen Ruhe aus, – und auch das tut gut und immer wieder singen – atmen – spüren. Die Zeit wird völlig unwichtig – jeder Augenblick zählt.

Und die Belohnung ist groooß!

Ich nehme mit meiner Hand im Wasser Florians Kopf entgegen. Er fühlt sich ganz anders an, als ich mir das vorgestellt habe. Sooo weich. Unglaublich!

Meine Hand nimmt dieses Gefühl in sich auf und wird sich später immer wieder an diese erste Berührung erinnern. Gleich hinterher kommt mit einem Pressen der ganze Körper heraus.

Wir nehmen unser Kind dankbar und freudig entgegen.

Florian schaut ruhig aus dem Geburtsbecken in die Runde – alle sind ganz still – ein wahrer Kraftmoment.

Dann fängt er an, Delfinlaute von sich zu geben – er "geckert" wunderschön.

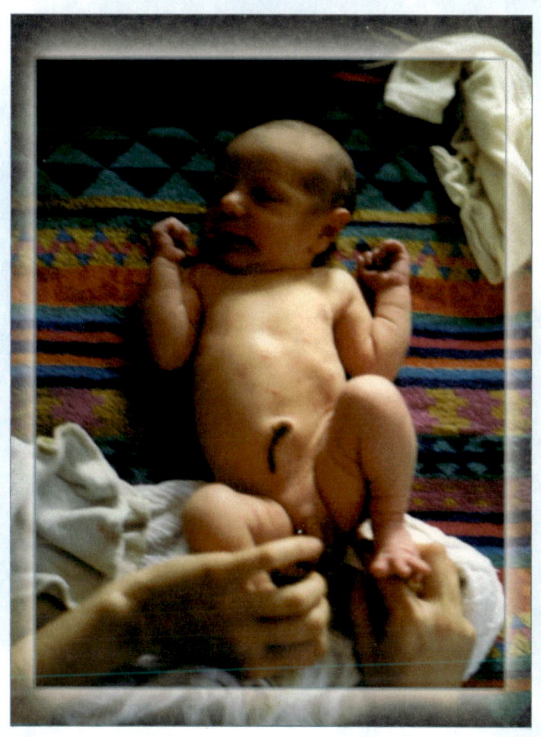

Ich staune, ich staune, ich staune!

Es ist schön, dieses Wesen endlich mal zu sehen.

Jetzt dürfen auch Ursa und Helmut mit in die Wanne, die Nabelschnur darf noch etwas auspulsieren, bevor sie der Vater eigenhändig durchtrennt.

Die Nachgeburt trocknen wir, um sie später bei Krankheitsfällen (geraspelt) einnehmen zu können.

Das blutige "Ursuppen-Geburts-Fruchtwasser" wird am nächsten Morgen direkt in den Garten von Großmutter Erde gegeben. Es fühlt sich gut an, es wieder der Erde zurückzugeben, direkt und unmittelbar!

Ein richtiges Fest, eine Erfüllung, ein echtes Wunder – diese Geburt!

Lebensleite für Emma

Meine Frau Claudia und ich (Fritz) haben zuerst ein Kind bekommen und dann geheiratet. Unser „Fest des Lebens" war eine integrierte Hochzeits- und Kindsweihe-Feier unter der Leitung von vier Freunden, die den germanischen Pfad beschreiten, aber als Österreicher ehrten wir auch die ursprünglichen keltischen Landesgötter.

Bekränzt wurden wir mit Rosen und Weinlaub. Auf dem selbst geschnitzten Lebensleuchter steht eine große dicke Kerze, die zu jedem Geburtstag des Kindes bis zum Erwachsenenalter brennt. Die Kerze ließ ich professionell anfertigen und mit einem Lebensbaum und dem Namenszug unserer Tochter verzieren. Das Patengeschenk war ein kleines goldenes Amulett, das Odin als Reiter zeigte. Für die Wasserweihe verwendeten wir Osterwasser, das am Ostara-Morgen schweigend aus einer Quelle geschöpft wurde.

Wasserweihe

Fritz nimmt Emma aus dem Korb und hält sie hoch: „So nehmen wir dich auf und begrüßen dich in unserer Mitte, auf der heiligen Mutter Erde und im Kreis aller Wesen, die ihre Kinder sind. Ich weihe dich mit dem Wasser des Lebens, der göttlichen Kraft des Wachstums und der Fruchtbarkeit, und gebe dir den Namen Emma Maria." *Besprengt sie mit Wasser.* „Emma heißt die Erhabene und ist auch der Name deiner Urgroßmutter, die anwesend ist. Maria heißt du nach deiner anderen Urgroßmutter, die im Vorjahr zu unseren Ahnen gegangen ist. Sei willkommen in unserer Sippe…"

Claudia entzündet an der Kerze von Oma Emma den Lebensleuchter: „Ich will dich nun mit deinem schönen Namen rufen, Emma, mein liebes Kind. Auf diesem Leuchter entzünde ich das Licht deines Lebens, das ich dir gegeben habe…Sei gesund, stark und klug, finde Liebe und Glück, lebe lange und in Frieden."

Treumundschaft

Milli erklärt mit eigenen Worten, warum sie die Treumundschaft angenommen hat und was Emma von ihr als Treumund erwarten kann.

Blot

Herta: „Eine Göttin gibt es, die besonders für das junge Wachstum zuständig ist. Es ist Berkana, die Göttin des Neuanfangs, des Frühlings, aber auch der Lebensmitte und des Alters, denn sie hat drei Gesichter. Berkana, halte deine schützenden Hände über die kleine Emma und gewähre ihr Wachstum an Körper, Seele und Geist!"

Sanîa: „Um deine Kraft zu erwecken und dich zu ehren, singen wir deine Rune: Berkano."

Herta: „Wir rufen auch die Nornen, Urd, die Norne der Vergangenheit, bitten wir, der kleinen Emma eine solide Basis zu geben. Verdandi, die Norne der Gegenwart, bitten wir, viele helle und bunte Fäden in ihr Lebensgewebe zu weben. Skuld, die Norne der Zukunft, bitten wir, Emmas Lebensfaden lang und stark zu spinnen."

Fritz: „Ich rufe die Gottheiten unseres Landes: Teutates, den Stammvater unserer keltischen Ahnen, Cernunnos, den Herrn des Waldes und der freien Natur, die Götter des Wassers und der Berge und Ostara, Schützerin Österreichs: Wacht weiter über unser Land und seine Bewohner, damit unsere Kinder und Enkel und alle, die nach uns kommen, in Freiheit und Frieden, Glück und Einklang mit allen Wesen der Erde hier leben können."

Gruß an ein neugeborenes Kind

Der Eigensinn unserer Tochter zeigte sich schon daran, dass sie der festen Meinung war, mit den Füßen voran zur Welt kommen zu müssen, und das in einer so vertrackten Stellung, dass nur ein Kaiserschnitt möglich war. Ich konnte deshalb bei der Geburt nicht dabei sein und verbrachte die Wartezeit damit, im Park des Krankenhauses die drei rheinischen Muttergöttinnen, deren Statuetten – obwohl es ein evangelisches Spital war – auf dem Nachtkästchen meiner Frau Claudia standen, um ihre Hilfe zu bitten, im Angesicht der aufgehenden Sonne die Runen zu singen und ein kurzes Prosagedicht zu komponieren, mit dem ich meine Jüngste begrüßte, als die Hebamme sie mir in den Arm legte:

Du liebes Kind, willkommen daheim.
Willkommen auf deiner Erde
Und unter deinem Himmel.
Willkommen bei Mutter Erde und Allvater Wodan.
Willkommen bei deiner Mutter und deinem Vater,
Bei deinem Bruder und deiner Schwester,
Deinen Ahnen und allen deinen Verwandten,
Die wie du Kinder der Erde sind.
Mögest du stark und gesund,
Klug und gerecht sein.
Mögest du selbst einst Kinder haben
Und sie so liebevoll begrüßen,
Wie wir dich willkommen heißen.
Heil sollst du sein und dein Glück finden.
Das geben die Götter und Göttinnen,
Die Alfen, Ahnen und Nornen
Und alle wohlwollenden Wesen.

Lebensleite für Antonia und Helena

Diese Zeremonie schloss sich unmittelbar an die Eheleite von Fatima und Holger an (siehe Buch *Die Hohe Zeit, s. 108-117*).

Stefan: „Wir wollen nun auch die Kinder des Paares in diesen heiligen Bund mit aufnehmen, auf dass die Familie in Harmonie weiter wachse und gedeihe."

Die Großeltern bringen beide Kinder zum Altar.

Stefan benetzt Helenas Stirn mit Wasser: „Helena, sei willkommen und gehe deinen Weg!"

Gerlinde fächelt dem Kind von der Räucherung zu.

Stefan benetzt Antonias Stirn mit Wasser: „Antonia, sei willkommen und gehe deinen Weg!"

Gerlinde fächelt dem Kind von der Räucherung zu.

Nun ist es an den Eltern, den Treumund zu bestimmen.

Holger ruft die vier Personen, die dazu auserwählt wurden, nach vorne: „Wir haben zwei für jedes Kind, einen in und einen außerhalb der Familie."

Stefan: „Jeder der vier hat ein Geschenk mitgebracht, das die Treumundschaft besiegeln soll. Zwei Teile aus einem Ganzen, auch in der Trennung eins."

Jeder Treumund tritt vor und hält seine Sinngabe in den Kreis. Dann brechen alle die Symbola mit erhobenen Armen entzwei, hängen mit einem Kuss dem Kind den einen, sich selbst den anderen Teil um.

Die Symbola waren eine Muschel, eine versteinerte Schnecke, eine Koralle und ein Edelstein.

Stefan: „Versprecht ihr feierlich, für eure Patenkinder einzutreten, ihnen Halt und Beistand zu spenden, wann immer sie es brauchen?"

Die Paten antworten alle gleichzeitig: „Ja, wir versprechen es!"

Lebensleite für Isolde

Wir geben dir diesen keltischen Namen, weil – er uns beiden gefiel...

Es war der Klang des Namens, der unsere Aufmerksamkeit erregte. So, wie alle Dinge im Leben einen oft unaussprechlichen Klang, einen Widerhall ihres Inneren haben, so hörten wir auch bei dir auf diese wundersame Melodie. Wir versuchten gar nicht, dir eine Bedeutung und ein danach konstruiertes Wort zu geben. Wir wählten die Melodie, die anderen Gesetzen als denen des Verstandes unterliegt. Es gibt Kräfte, die außerhalb der uns bekannten Welt liegen. Diese wollten wir ungestört wirken lassen.

Isolde hat eine scharfe Silbe (Is – Eis, Eisen) und eine weiche (-holde – die Treue), beim althochdeutschen Ansoalda erklingt schon eher das Wort „walten": *die mit dem Eisen/Eis Waltende.*

Walten ist mehr als herrschen, im Walten liegt etwas souveränes, das auf das offensichtliche Herrschen verzichten kann. Walten ist Freiheit!

In „Is" steckt dagegen der Bedeutungskosmos der IS-Rune: der Stamm des Weltenbaums, die Achse der Erde, die Gesetzessäule der Irminsul. Der in sich die Kräfte bündelnde Stamm ist gleichsam Ordnungs- wie Willenssymbol.

So könnte es auch als *„die einer göttlichen Ordnung sowie ihrem Willen Treue"* gesehen werden.

Welch große Worte ...

„Verzeih uns unsere Tugenden", sagte einst Nietzsche.

Wenn ich unser Kind so ansehe, sieht es viel zu zart und ängstlich aus. Aber auch schon sehr aufmerksam. Wer weiß, was daraus werden kann!

winterkind,
kind der schneeflocken,
eiskind.

zu uns gekommen in einer rauhnacht,
so zart
und doch voll kraft und selbstverständlichkeit.

der reif an deinen brauen,
die schneeflocken um dein gesicht tanzend,
im sturm stehend,
- waltend.

über eis und eisen,
über vernunft und affekt.
ansoalda - isolde,
die aufrecht-stehende.

Anhang

Die namenbildenden Wortstämme

„Der Trieb, sein Kind durch einen wohlklingenden Namen ... zu adeln!, ist löblich, und diese Verknüpfung einer eingebildeten Welt mit der Wirklichkeit verbreitet sogar über das ganze Leben der Person einen anmutigen Schimmer" (J.W.v.Goethe, Dichtung und Wahrheit). Von hohem Adel sollen einst unsere Kinder sein, und dies wollen wir durch Erziehung, vorgelebte Haltung und bedachte Namenwahl erreichen. Die für den deutschsprachigen Kulturkreis in Frage kommenden heidnischen Namen setzen sich mit wenigen Ausnahmen grundsätzlich aus zwei Komponenten zusammen. Jedes Grundwort stellt für sich genommen einen Begriff dar, vermittelt einen Sinn und repräsentiert eine Haltung, die für unser Leben und unsere Gesittung von kennzeichnender Bedeutung ist: Volks- und Sippenverbundenheit, Kraft und Wehrhaftigkeit, Tapferkeit, Mut, Beharrlichkeit, Stolz, Ehre und Ruhm, Freiheit und Herrentum, Frohsinn, Freude, Glanz und Anmut, Schönheit, Zucht, Weisheit, Rat, Besonnenheit und Wahrheit, kurz: die Werte, die den Begriff *Adel* charakterisieren. Vielfach treten auch *totemistische* Bilder auf: Wehrtüchtigkeit wird durch die Waffe oder den Kampf umschrieben, für Stärke steht der Bär oder der Eber, für Kampfesmut der Wolf, für Treue das Pferd, für Hoheit der Adler und für Weisheit der Rabe. Des Weiteren tauchen nicht nur Elch, Schwan, Falke und Schlange als Tiere in den Namen auf, sondern auch Pflanzen wie Birke und Esche oder mythische Völker wie die Elben (Elfen) und die Thursen (Riesen).

Die Namenteile können dabei grundsätzlich zu immer neuen Formen zusammengefügt werden, jedoch haben im Laufe der Zeit Sitte und Brauch spezielle männliche und weibliche Formen herauskristallisiert und verankert. Ziehen wir die durch Abschleifung, Umstellung (z.B. Wolfram-Ramolf) und Lautverschiebung zu bildenden Namen hinzu, so können aus den unten angeführten Wortstämmen mehrere zehntausend gängige Namen gebildet werden. Zahlreiche Gleichbedeutungen ermöglichen mehrere Formen: z.B. Kampf – Hildemar = Wigmar. Die Namenbildung hält sich dabei sehr wohl in geordneten Formen, denn die einzelnen Wortstämme tragen das Gesetz des Stils in sich und schalten damit die Willkür aus. Dank dieses genialen Systems ist es bis heute nicht zur Erstarrung der Formen gekommen. Der Einwand, dass für die heutigen Menschen eine Vielzahl der Namen ohne vorheriges Sprachstudium nicht mehr verstanden werden könne, ist belanglos, weil er die sträfliche Unkenntnis der Herkunft voraussetzt und folglich erst recht für die fremden Namen Geltung hätte. Die heidnischen Namen stammen zum größten Teil aus der deutschen oder ihr verwandten Sprache, wenn auch aus sehr alten Formen. Sie wenden sich aber trotzdem unmittelbar an unser Gemüt.

Natürlich kommt es vor, dass der eine oder andere Name durchaus auch etwas anders, als es hier geschehen ist, gedeutet werden kann. Der Grund hierfür ist in den im Laufe der Zeit aufgetretenen Lautverschiebungen, Sprachveränderungen, Bedeutungswandel und evolutiv bedingten Veränderungen zu suchen, die nicht mehr zu entwirren sind. Den Namen *Gudrun-Godrun-Guntrun* können wir hier als Beispiel anführen. Aber was macht das schon! Machen wir aus der Not eine Tugend und freuen uns an der Vielfalt der Namen. Wer sich auch nur ansatzweise mit der Bildung heidnischer Namen beschäftigt, wird bald die Fähigkeit erworben haben, im Rahmen der Möglichkeit einen eigenen Bedeutungsinhalt festzulegen. Zwar können die hier nachfolgend aufgelisteten Wortstämme und deren Bedeutungen sprachwissenschaftlich vertreten werden, jedoch haben wir sie nicht immer wortgetreu übernommen. Wichtig schien uns eine an die heutige Zeit angepasste Formulierung und deren Verständnis, nicht aber eine zwar *wörtliche*, doch unverständliche Übersetzung. Wir halten diese Methode für berechtigt, da die meisten der Bedeutungen sowieso im übertragenen Sinn verstanden und interpretiert werden müssen. Das Schwert z.B. ist heute als Waffe in der militärischen Auseinandersetzung *nicht gerade gebräuchlich*, doch hierauf kommt und kam es nie an, denn die Bezeichnung *Schwert* umschreibt vielmehr den zweiten und dabei wesentlicheren Aspekt des Kampfes, nämlich den *inneren* Kampf, den jeder mit sich selber austragen muss! Man soll sich also nie nur mit dem durch die geschickte Kombination von Buchstaben erzeugten oberflächlichen Eindruck zufrieden geben, sondern versuchen, den übergeordneten Sinn zu erforschen.

Nachfolgend sind sämtliche uns bekannten Wortstämme und deren Bedeutung aufgelistet, sowie jeweils einige weibliche und männliche Namensbeispiele zur Verdeutlichung. Wir haben uns für dieses Verfahren entschieden, da es zum einen wesentlich platzsparender ist (eine vollständige Auflistung aller gebräuchlichen Namen würde ein eigenes Buch füllen) und wir es zum anderen für entscheidender halten, dass man die Entstehung und Bildung der Namen aus den Wortstämmen begreift, um dann selber tätig werden zu können. Das eigene Suchen und Probieren fördert die Kreativität und nötigt die Eltern zur ausgedehnten und tiefen Beschäftigung mit dem erwarteten Kind und stellt zudem noch sicher, dass die gebildeten Namen zeitgemäß sind (wer käme heute von alleine auf den Namen *Klodogunde*!).

Abkürzungen:

ags.	angelsächsisch		kelt.	keltisch
ahd.	althochdeutsch, alle Wortstämme ohne spezielle Bezeichnung		Kzf.	Kurzform
altengl.	altenglisch		lat.	lateinisch, römisch
altisl.	altisländlisch		nhd.	niederhochdeutsch
an.	altnordisch		russ.	russisch
engl.	englisch		s.	siehe
fs.	friesisch		slaw.	slawisch
griech.	griechisch		vgl.	vergleiche
ir.	irisch		z.B.	zum Beispiel

Adal, Adel, Adol, Edel, Eitel, Odal, Odil, Udal; Kzf.: Ad, Al, Ed, El, Ot, Ul: - Bezeichnet die edle Abstammung und die Erbtüchtigkeit: nach germanischer Auffassung die Vereinigung von gutem Wuchs, Gesundheit, geistigem Hochstand, seelischer Ausgeglichenheit, vornehmer Denkweise – also die Gemeinsamkeit dessen, was auch heute noch gesundes Empfinden unter *Adel* und *Edel* versteht. Zum Adel gehört außer der makellosen Haltung in Bezug auf Leib und Seele auch die von den Eltern ererbte Scholle, der Grund und Boden, auf dem das Geschlecht sich fortpflanzen kann. Damit wird uns *Odal* wieder ein Begriff von gewaltig hoher Bedeutung. Die Kurzformen von *Adal, Al* zum Beispiel, berühren und überschneiden sich hier und da mit anderen Wortstämmen bzw. deren Kurzformen, wodurch die erstrebenswerte eindeutige Möglichkeit zur Deutung eines Names wesentlich erschwert wird. Die Kurzform *Al* kann zum Beispiel auch aus *Ala, Agil, Alb* entstehen und damit, wie weiter unten zu sehen ist, eine andere Bedeutung tragen.

Ag(o), Age, Agi, Eg(e), Eck(e), Ek: - Vgl. auch *Aker.* Abwandlungen davon sind *Agil, Agin, Egil, Egin,* deren Kurzformen *Eil* und *Ein. Agil* und *Egil* können auch zu *Al* und *El* abgeschliffen sein. Der Wortstamm *Ag* bezeichnet das Scharfe, Spitze (Ecke, Egge), z.B. das Schwert. Das Schwert Siegfrieds hieß Eckesachs. Folglich bezeichnen die mit *Ag* gebildeten Namen den Kämpfer mit dem scharfen Gegenstand, vornehmlich den Schwertkämpfer.

Aker: - s. *Kar.*

Al(a): - bedeutet soviel wie *alle* und *das All,* heißt *voll und ganz, völlig,* es verstärkt den Hauptbegriff und symbolisiert das kosmische Element. Vgl. dazu die Kzf. von *Adal* und *Agil.* Alb, Alp, Alf, Elf: - Die guten Naturgeister führen die Namen Alben und Elfen (die Elbe – der Elfenfluss, Elberfeld, Elfenfeld). Namen mit diesen Silben kennzeichnen das gute Verhältnis des Menschen zu den Naturgeistern, mit denen sich oft die Vorstellung des Lichten, Hellen, auch des Weisen verbindet. Im Namen ist der Stamm *Alb* nicht immer mit absoluter Sicherheit zu ermitteln, denn die Trennung von Alfred z.B. ist sowohl in Al-fred, als auch in Alf-red möglich.

Alah: - Tempel (ahd.).

Alb(i): - Naturgeist, Elfe (ahd.; s.a. *Al(a)).*

Ald, Alt: - alt, kundig, bewährt, stark, s. *Wald.*

Alk, auch Alch: - wehren, sich und andere verteidigen.

Amal, Amel, (durch Lautumstellung) Alma: - Arbeit, Kampf. Aus *amel* könnte man auch *Emil* herleiten, obwohl es wahrscheinlicher ist, dass dessen Abkunft vom lat. *Aemilius* kommt.

Anadon: - rügen, strafen, ahnden.

And(e): - Die Bedeutung ist nicht ganz sicher zu ermitteln, anzunehmen ist Kühnheit und Mut. Vgl. dazu *Nand.*

Angil:. - s. *Engel.*

Ango: - der Speer, s. *Engel.*

Ans, Ase, Ass (an.), Os: - Seele, Lebenshauch, Atem, Geist, geistige Tätigkeit, lebendiges Prinzip, Inspiration, Träger von göttlicher Macht und spirituellem Wissen.

Anu: - Ahn, Vorfahre.

Ar(n), Arin, Aro: - Adler, Kraft des Adlers. Adal Aro bedeutet der edle Vogel = Adler. Der Wortstamm wird auch zu *Aren, Eren, Ehren* und *Arne* weitergebildet. *Ar* kann aber auch das nordische Synonym für die Endung *er* sein.

Arb, Arbeo, Erb: - Erbe, Nachfolger, reich, freigebig.

Arch: - s. *Erk.*

Ard, Art: - die Art, artig, nach der Art, die Kunst, s. *Hard, Hart.*

Ask: - Esche. Der Eschenspeer.

Atahaft: - beständig.

Atta: - Vater (gotisch).

Bad, Badu, Bat: - Kampf, Schlacht, Auseinandersetzung.

Bag: - dieser Namensstamm leitet sich aus dem verschollenen *baga* (ahd.) ab und steht für Streit, Kampf.

Bald(e), Balt, öfters abgewandelt zu Bold und Pold: - kühn (vgl. das engl. *bold*). Der Balte, der Kühne. Aber auch Baldur der Strahlende, der Lichtbringer, das Sonnenkind (an. *Baldr*).

Band: - Banner bzw. Panier. Der Träger dieses Namens ist das „Feldzeichen" seiner Kampfgemeinschaft, also der Mahner an Zusammenhalt und Standhaftigkeit.

Bar: - Grenze, Schranke.

Bard, Bart(a): - Streitaxt. An dieser Stelle sei auf den Symbolismus der Doppelaxt verwiesen.

Bau, Bor: - bauen, Ackerbau betreibend (von ahd. *buan*).

Beo: - die Biene.

Beran: - tragen, stützen.

Berg(an), Burg, niedersächs. und skan. Borg: - der Bedeutungsinhalt leitet sich ab aus „die Burg": das Schützende, Schirmende, Behütende.

Ber(a,ah)t, Brecht, Bercht, Pert, Precht: - prächtig, glänzend, hell, leuchtend, klar, hoheitsvoll, aber auch stolz und herausragend tüchtig. Nachzuweisen sind etwa *450* aus diesem Stamm gebildete Namen.

Bem: - Kind.

Bern: - der Bär und seine Eigenschaften (ahd. *bero*).

Big (fs.): - stechen.

Bil: - spaltende Waffe (ags. *bill* = Schwert, ahd. *billi*), sowie Beil bzw. Streitaxt (niederdeutsch *Biel*).

Blank: - blank, hell, glänzend, licht, strahlend. Unser Zeitwort *blinken* ist daraus abzuleiten. In den Namen steht es stets an erster Stelle.

Bittar: - beißend.

Blid(i): - strahlend, leuchtend, klar, hell, milde, heiter, frohgemut, freundlich (engl. *blithe*, dt. *bleich*).

Blibhan: - glänzen.

Blik: - Blitz, Energie.

Bluot: - Blut, Lebenskraft, Ahnenlinie.

Bod, Bot(o): - der Gebietende, Herr.

Bold: - s. *Bald*.

Bor: - s. *Bau*.

Bord: - Rand, Saum, Schild (ahd. *brord* = Speer).

Bos: - eitel.

Boto: - Bote (ahd. *gibiotan* = gebieten).

Brant: - Brand, Brunst, hitzig, ungestüm.

Brecht: - s. *Bert*.

Brinnan: - brennen, voll Feuer sein, flammend.

Brord: - Speerspitze, s. *Bord*.

Brün(n), Brun(na): - glänzende Wehr, Brustpanzer (ahd. *bruni*), Brünne, braun.

Buan: - Ackerbau treiben.

Bur: - Bauer.

Burg: - s. *Berg*.

Chlod, Chlud: - s. *Lud*.

Chnud: - waghalsig (ahd.).

Dag, Dagr (an.): - Tag, die Tages-Helle, lichtes Wesen, Licht des vollkommenen Erwachens, mystisches Licht, rituelles Feuer.

Dahs: - der Dachs und seine Eigenschaften.

Dallr: - Glanz.

Dank, Danc: - sinngleich mit Denken und Gedanke. Der Namensträger ist bedacht, überlegend und handelt besonnen.

Degen, Degan: - tapferer, freier Krieger, Held.

Diet, Theod, Teud, Teut: - stark, auf das Volk bezogen, völkisch (ahd. *diot* = Volk, *diutisk* = völkisch).

Dis: - Göttin (altisl.).

Diur (fs.): - teuer, wertvoll.

Donar: - Donner, Himmelsenergie.

Drocht: - Gefolge, Schar, Volk.

E, Eo: - Sitte, Gesetz, Ehre.

Ebur, Eber: - totemistische Namensform für eins der stärksten Tiere des Waldes, den Eber. Auf den Träger dieses Namens übertragen sich dessen Eigenschaften: Kraft, Kampfesmut, freier Waldläufer.

Eck(a, e): - s. *Age*.

Ed, Ot, Ut: - Gut, Besitz, Reichtum, Glück. Die Form *Ed* entstammt dem angelsächsischen Gebrauch.

Edel: - s. *Adal* und *Od*.

Eg(il), Egi(n), Ein: - Zucht, Selbstbeherrschung, s. *Age*.

Ehren: - erklärt sich selbst. Vgl. *Am*.

Eil, Ein: - s. *Age*, (nord. *ein* = allein).

Eitel: - dassw. *Edel*; s. *Adal*.

Ekka, Ecke: - s. *Agil*, *Egil*, *Egin*.

Ellen: - mutig, tapfer, stark (ahd), s. *Erl*.

Elm: - die Ulme.

Els: - auch Ilse (Wasserelfe, Nixe); Else ist auch die Erle, die am Wasser gedeiht. Starke Verwandtschaft zu den Namen mit *Alb-*, *Alf-*, *Elf-*.

Em: - s. *Irm*.

Engel: - Speerkämpfer. Leitet sich ab aus Angel (scharfe, hakige Spitze). Dieser Name hat nichts zu tun mit der Bedeutung des christlichen *Engel* (lat. *angelus*), sondern zielt eher auf die ältere Bedeutung des *antico gelo* (altes Eis, im magischen Sinne begriffen).

Er: - s. *Her*.

Era: - Ehre.

Erb: - s. *Arb*.

Erd, Ert: - s. *Hard*.

Erk(an), Erken, Archi: - edelgeboren, rein, klar, hell, glanzvoll, echt.

Erl: - frei, edel, herrschend, befehlend (engl. *earl*, nord. *Jarl*), Edelmann, edler Krieger (as.).

Erm(en): - s. *Irm*.

Ernust: - Ernst, Festigkeit.

Ertha: - germ. Erdgöttin.

Ewa(e): - Ewigkeit, Zeitalter, Recht, Sitte, Ehe.

Falko: - der Falke und seine Eigenschaften.

Fano: - das Banner, der Führende.

Far(a): - Sippe, Geschlecht, vgl. auch ahd. *faran* = reisen.

Fast(i): - fest, standhaft, stark, beständig.

Feho, Fehu, Fe (an.): - Freude, archetypische Energie des ewigen Werdens, Kraft der Fruchtbarkeit, evolutionäre Kraft.

Ferd: - s. *Frid*.

Fil(i,u): - voll, ganz, Fülle, s. auch *Al* und *Ala*.

Flad, Flat: - gut, schön, ordentlich.

Flot: - s. *Hlut*.

Fo(l)k, Folc (ahd.): - s. *Volk*.

Folon: - das Fohlen und seine Eigenschaften.

Fons: - eifrig, strebend, bereit sein.

Fram: - gut, nützlich (fromm), vorwärts (wirkt verstärkend). Mit dem Wort *fram* wurde aber auch die germ. Stoßlanze bezeichnet, deshalb könnte eine ähnliche Bedeutung wie *Ger* ebenfalls zutreffen.

Frank: - frei; jedoch darüber hinaus tapfer, mutig, kühn, denn nur der wirklich Furchtlose ist letzten Endes auch frei im heidnischen Sinne des Wortes, d.h. nicht von seiner Angst besessen.

Fri(e)d(e), Fridu: - Friede, Schutz, Sicherheit, Geborgenheit; an. *frid* = schön.

Fro(h): - froh, freudig, regsam.

Frod: - klug, verständig, weise, auf das Wissen bedacht.

Fruma: - Nutzen, nützlich, Vorteil.

Frunt: - verständig, weise.

Ful: - s. *Volk*.

Funs: - bereit, eifrig (ahd.).

Gaida: - Lanzenspitze.

Gail (fs.), Geil: - üppig, übermütig, froh.

Galan: - rufen, gellen.

Gamel: - alt.

Gang: - wie im Neuhochdeutschen *der Gang*, also jemand, der (entschlossen) seinen Weg geht. Wolfgang heißt dann derjenige, *der den Weg des Wolfes geht*, also tapfer, mutig und (einzel-) kämpferisch seinen Weg wählt wie der Wolf; vgl. ahd. *ganc* = Waffengang.

Gandr: - Werwolf.

Gar(o): - fertig, bereit (*gar*), s. auch *Ger*.

Gard, Gart: - hegend, umfriedend, schützend (*Garten*). In einer angelsächsischen Urkunde wird der *frith-geard*, der *Friedenszaun* erwähnt (vgl.

engl. *yard*). In unserem Sinne ist auch jedes *Umzäunte* oder *Umhegte* identisch und gleicherweise von Heil beseelt.

Gast: - der Gast. Die Namen mit diesem Stamm drücken den Wunsch der Eltern aus, dass sich der Namensträger stets den Ehren der Gastfreundschaft würdig erweisen solle.

Geb(a,o): - gebend, schenkend, bereichernd, die Gabe, das Geschenk, Mysterium des Opfers.

Geisala: - Pfeil, Speer, Geißel. Vgl. auch Gisel.

Gelf: - fröhlich, übermütig.

Geltan: - Geltung haben, als etwas gelten.

Ger, Gar: - der germ. Wurfspeer.

Geron: - begehren, strebsam sein.

Gil(d): - lebhaft, froh, üppig, wertvoll geltend, geil.

Gis: - Pfeil, Strahl. Vgl. aber auch mit *Gisel*.

Gisel: - Geisel. Da als Geiseln stets die durch Adel und Vornehmheit herausragenden Persönlichkeiten geboten und genommen wurden, bezeichnet der Stamm die vornehme und edle Herkunft und Haltung. Vgl. aber auch mit *Gis*.

Glau: - klug, scharfsinnig. Der einzige existierende Name ist Glaubrecht, also der durch Klugheit hervorstechende.

God, Got(t), Gud, Gud(h): - gut, das All und das Leben durchdringende Kraft, der Gottheit ähnlich. Bedeutungsüberschneidungen möglich mit *Gund* und *Gunt*.

Grim: - grimmig, zornig, wild, aber auch Helm (s.d.) oder Maske.

Gris: - grau (ahd.).

Gu(n)d, Gunt: - Kampf (ags. *gyth*). Bei Guntrun = Gudrun verschwindet das n und es ergeben sich neue Bedeutungsinhalte unter Zugrundelegen der Stämme *God* und *Gud* (s.d.).

Had(e), Hadu: - Kampf (Hader, hadern).

Hag(en, all): - Hege, Gehege, Gehöft, heiliger Bezirk, heiliger (Ur-)Same, kristallisierte Macht, Träger von potentieller Energie neutraler Macht. Kzf. *Hein*. Vgl. auch mit *Gard*.

Halm: - s. *Helm*.

Hand: - Hand.

Har: - s. *Her*.

Hard, Hart(i), Hert, Kzf. ard, art, erd, ert: - hart, stark, kühn.

Hamas: - Harnisch, Wehr, Schutz.

Heid: - Herkunft, Abstammung, Sippe, Zugehörigkeit. Die nhd. Endsilbe *heit* kennzeichnet das Beschaffensein (z.B. Beschaffenheit), aber auch Gestalt, Rang, Name; vgl. auch das engl. *hood*.

Heil(ag), seltener Hel: - unversehrt, unantastbar, vollständig, Ganzheit, Gesundheit, Glück, Heiligkeit (das innerste Geheimnis des Lebens in seiner Ganzheit).

Heim: - Heim, Heimat, Familie, Sippe, Welt. Vgl. auch mit *hein*.

Hein: - s. *Hagen*.

Heitar: - strahlend, schimmernd.

Hekjan: - schützen, hegen.

Helga, Helja: - den Frieden aussprechen, heiligen (an.).

Helf, Hilf(a): - Hilfe, Helfer, Beistand.

Helid: - Mann, Krieger, Held.

Helm, Halm: - schützend, schirmend (der Helm), s. auch *Grim*.

Her, Har: - Herr, Heer. Kennzeichnung für Führerpersönlichkeiten. Kzf. Ar und Er.

Hermen: - s. *Irmen*.

Hialmr (an.): - s. *Helm*.

Hild(e), Hilt(ia, ja): - Kampf, Schlacht, Krieg.

Hjor: - Schwert (altisl.).

Hlut: - Ruhm.

Hniotan: - befestigen, stärken.

Hob: - hoch.

Hold: - geneigt, gewogen, s. *(W)old* und *Wald*.

Holir (an.): - treu ergeben.

Horst, Hurst: - das Flechtwerk (*harsta*), Gesträuch, Wald. In Zusammenhang mit dem Horst des Adlers hätte der Stamm eine ähnliche Bedeutung wie etwa *Burg*.

Hros: - das Ross und seine Eigenschaften.

Hroth: - Ruhm (ahd., z.B. in Rüdiger).

Hug(u): - hoch, hehr, stolz, Geist, Gedächtnis (vgl. ahd. *hugi* = Verstand).

Einer der beiden Raben Odins hieß *Hugin*, was soviel bedeutet wie: der Gedanke. In Eigennamen sollte der Stamm so gedeutet werden.

Hun, Hum: - stark, kraftvoll, gewaltig, riesig (nhd. Hüne, auch: junger Mann).

Hurst: - s. *Horst*.

Id(a), Idi(s), Itis: - schaffend, tätig, wirkend, waltend. Die Idis ist ein heiliges weibliches Wesen, des öfteren eine Walküre (z.B. Ida).

Idun(a): - verjüngende Erneuerung.

Ilisa: - Name einer Nixe, Schwanenjungfrau.

Imbot: - Gebot, Gesetz.

Ing (an.): - Abkömmling dessen, an den die Endung *ing* angehängt ist.

Ing(e), Ingo, Ingw: - fruchtbarkeitsspendende Kraft, sexuelles Potential. Der Ase *Ingwio* gilt vielfach als der Stammesgott der Asen und als Gott der männlichen Fruchtbarkeitskraft, die sich im Frühling orgiastisch entlädt und den Winter über als potentielle Energie von der Göttin Nerthus einbehalten wird. Eine Übersetzung aus *Ingwaz = die Einheimischen* ist aber genauso denkbar. Vgl. aber auch mit *Angel* und *Engel*.

Ino: - Zugehörigkeit.

Ioforr (an.): - Fürst.

Irknaen: - erkennend, weitsichtig.

Irm(en), Irmin, Erman, Ermen, (Hermen), Arm: - stürmisch, gewaltig, mächtig, allumfassend (urgerm. *ermenoz, ermanoz*). Bedeutungsinhalte können aber auch aus der Symbolik der Irminsul herausgezogen werden.

Is(an), Iss (an.): - Eis, Eisen, bzw. dessen Eigenschaften hart, fest und glänzend, Konzentrationskraft, Zentralisation, Stille, das Fehlen jeglicher Schwingung, absolute Ruhe. Feuer und Eis sind diejenigen Kräfte, die zum einen die Welt erschaffen und zum anderen jeder Existenz ein Ende setzen. Vgl. auch *Wis*.

Iw (fs.), Iwo (altdt.): - Eibe, Speer.

Kai (fs.): - der gegen die Feinde Böse.

Kar, Kzf. von Aker: - wacker, wachsam. Die aus Aker gebildete Kzf. *Ak* erscheint verwandt mit *Ag*.

Karl: - der Kerl. Mit der Bezeichnung *das ist ein Kerl* wird in der Umgangssprache derjenige Mann belegt, der voll, ganz und fest im Leben steht und frei und ohne Tadel ist (ahd. *karal* = freier Mann).

Kell: - Kessel, Helm.

Ketil: - Krieger, Helmträger.

Kind: - der/die Nachfolger(nde), der/die Erbe(in), junger Krieger.

Klod: - s. *Lud*.

Kol: - s. *Helm*.

Kraft: - Kraft, Stärke, Energie.

Krima: - s. *Helm*.

Kun(n,i), Kon: - könnend, kundig, wissend. Aber auch Ähnlichkeiten zu Kind und zur Bedeutung „kühn" (*Kuon*) oder ahd. *kunni* = Sippe.

Land: - Land, Heimat, Verwurzelung.

Lef, Lev, Leib: - s. *Lieb*.

Leod, Leut: - s. *Luit*.

Leo(n): - Löwe (lat. *leo*). Die Übernahme aus dem lat. Lehnwort ist ziemlich wahrscheinlich. Vgl. auch mit *Leod*.

Lewo: - der Löwe und seine Eigenschaften, s. auch *Leo*.

Lieb, Liep, Leib(a), Lef, Lev: - lieb, wert, Leib, Sprößling, Leben (ahd. *Erbe*).

Lind(e), Lint(a): - lind, mild, sanft, Linde. Da für den Schild mit Vorliebe Lindenholz verwendet wurde, erweitern sich die Bedeutungen von *Lind* entsprechend (= schützend, abwehrend). Möglich ist auch die Bedeutung des ahd. Wortes *lint* = Schlange, Lindwurm, voll Geheimnis bzw. das Geheimnis hütend bzw. ahd. *linta* = Lindenholzschild.

Liud, Liut(i): - s. *Luit*.

Liv: - Leben (schwed.), Schutz (altisl.).

Lohan: - leuchten, strahlen, auch: künden.

Lud, Lod, Lot, auch Chlod, Klod: - berühmt, Ruhm. Vgl. dazu *Luit*.

Luit: - Leute, Volk, Gemeinschaft. Nebenformen: *Leod, Liud, Liut, Leut* und *Lud*.

Mada: - gut, beachte auch *Madhr* (an.) = *Man(naz)*.

Mag(in,an), Macht, Mecht, Mat: - Macht, Vermögen, Kraft, Tugend, fähig sein.

Mahal, Mal: - Gerichtstätte, Gerechtigkeit, Thing.

Man(n): - vollendeter Mensch, Mysterium der göttlichen archetypischen Struktur im Einzelwesen.

Mar(ha), Mer: - kundig, ruhmvoll (Mär, Märchen), Pferd (Mähre), Meer, wogendes Wasser, Sehnsucht.

Man, Mani: - berühmt, s. *Mar*.

Mark(a): - Mark, Grenze, Umfriedung.

Ma(h)t: - Macht, Stärke.

Mein: - Kzf. von *Magin*.

Mer(i): - s. *Mar*.

Mil(d), Milti: - mild, sanft, liebreich, freundlich.

Minna: - Liebe (Minne).

Mod: - s. *Mut*.

Mort: - Mädchen (im Engl. ausgestorbenes Wort).

Mun(d), Munt: - Schützer (Vormund), Schutz (Mündel), Kind, Nachfahre, Erinnerung (einer der beiden Raben Odins hieß *Munin*).

Mut, Muot, Mod: - Mut, tapfere Gesinnung, Sinn.

Nand, Nant, Kzf. And: - wagend, kühn, verwegen, tapfer.

Nid, Nit, Neid, Neit: - Mut, Zorn, Grimm.

Niuwi: - neu, jugendlich, frisch, voll Kraft.

Nor(d), Nort: - der Norden, Heimat, Wohnsitz, Herkunft, Fixstern.

Not: - Not, Gefahr bzw. dessen Bekämpfung und Überwindung.

Od(al), Ot: - freier Besitz, freies Gut, Reichtum, s. auch *Adal*. Versinnbildlicht in der Odalrune bedeutet es gleichzeitig: den göttlichen Geist – den Odem Odins bzw. die Gottgleichheit des Namensträgers, den Besitz, vornehmlich den Landbesitz (Allod) und den Adel. Hat der freie Mensch das *Od*, so ist er dem freien Adel auf freiem Eigenboden zugehörig und beseelt von göttlicher Energie und Kraft. Träger angeborener Qualitäten, Symbol von Generationenerbe (materiell und spirituell), Festung der Mitte, Bürge für die menschliche Freiheit innerhalb einer durch das Gesetz gesicherten und mit der Umwelt in Einklang stehenden Gesellschaft.

Oin: - s. *Win*.

Ois: - s. *Wis*.

Old: - s. *Wald*.

Oif: - s. *Wolf*.

Ordal: - Urteil, Gottesurteil.

Ors: - Pferd, daraus später Ross.

Ort: - Spitze und /oder Schneide des Schwertes, Schwert.

Os: - der Ase und seine Eigenschaften, s. *Ans*.

Ost: - der Osten.

Plek: - Spiel (ags. *plega*), Wagnis (ags. *pleoh*), Pflicht (ags. *pliht*), Blitz (ahd. *blic*).

Pold: - s. *Bald*.

Prant: - s. *Brand*.

Raban, Ram: - der Rabe. Als Raubvogel tapfer und stark, galt er als Odins heiliges Tier und dessen steter Begleiter. Vgl. auch mit *Hug(in)*.

Rad, Rat: - Rat, Klugheit, Überlegung, Lehre, Wissen.

Ragin, Regin: - der (weise) Rat, s. *Rein*.

Raidh(a,o) (gotisch, ahd.): - s. *Reid*.

Ram: - s. *Raban*.

Rand, Rant: - Kampf (rangeln, ringen), auch: Schild (ahd.).

Rask: - schnell, rasch, flink.

Rat: - der Rat.

Reid(a,h) (an.): - die Bereitschaft zur Umkehr, weiser Rat und gerechtes Urteil, geballte Kraft auf dem Weg zum Ziel.

Rein: - Überlegung, Besonnenheit, Rat, Wissen. Zusammenfassung von Ragin und Regin.

Rich(i), Rihhi, Rik: - reich, mächtig, vornehm (kelt. *rig* = König; got. *reiks*, lat. *rex*).

Rid: - Reiterin (an.).

Ring: - Ringpanzer, s. *Rang*.

Ringan: - kämpfen, ringen, s. auch *Rand*.

Rod, Rot: - s. *Rud*.

Rom: - Ruhm.

Ros(a,e): - die Rose, Liebe, Schönheit, wehrhafte Anmut. Beachte auch *Rud* und *Rut*.

Rud, Rut, Rod(e), Ruod: - Ruhm.

Run (an.), Runa (gotisch, ahd., altsächsisch): - wissend, klug, beratend. Die Rune bedeutet sowohl Weisheit und Geheimnis-Mysterium als auch Zeichen und Sinnbild für das heilige Konzept und die gestalt- und zeitlose Idee. Unter *Raunen* versteht man die Weitergabe sonst geheimgehaltenen Wissens.

Ruoh: - Gebrüll, Lärm (vgl. ahd. *rohon* = schreien, z.B. in *Rochus*).

Ruom, Ruot: - Ruhm.

Sachs, Sahs: - das Schwert.

Saga: - Erzählung, weitergegebenes Wissen um Herkunft und Mythos, die Saga (an.).

Sahha: - Streit, Rechtsstreit.

Sal(v): - Haus, Halle, Saal, Wohnsitz.

Sar(o): - die Rüstung.

Schalk, Skalh, Scalk: - Diener, Krieger, Narr, Spaßvogel.

Se(e,o): - die See. Vgl. auch *Sig*.

Senda (an.): - senden, mitteilen.

Sig(u), Sieg, Seg(e), Se: - der Sieg, siegreich. Vgl. auch *Se(e)* und altnord. *sign*.

Sind, Sinth: - Weg, Pfad, Sinn, Gesinnung, innerstes Wollen, reiner Sinn.

Singan: - singen.

Siodan: - sieden, wallen, aufbrausen.

Sisu: - Zauberlied.

Siw: - Verwandte, Braut, Gattin.

Skalh: - s. *Schalk*.

Skephan: - schöpfen, trinken.

Sol (an.): - Sonne, eminente spirituelle Kraft, dynamische Verbindung zwischen Kosmos und Erde, vgl. auch *Sunna*.

Spehon: - spähen, weitsehen, hellsehen, voraussehen.

Spiz: - Spieß.

Staf(r), Stap, Stav: - Stab, Pfeiler, Stütze, Halt, Ordner.

Stark: - stark, kräftig.

Sten: - Stein, (altnord.) Steinwaffe.

Still(i): - ruhig, ausgewogen, fest, stetig, beständig.

Strit: - Streit, Auseinandersetzung.

Sturm: - Sturm, Kampf.

Suan(a): - Vernunft, Urteil, der Schwan, das heilige Tier, weil sich laut Mythos Wodans Beraterinnen, die Walküren, in diesen verwandeln, s. auch *Swan*.

Sund: - Sand, Küste, Sehnsucht, der Süden.

Sun(na, ne): - Sonne, Licht, helle, reine Energie, Wahrheit. Vgl. auch mit *Sol*.

Swan: - Schwan (Sinnbild der Walküre). Vgl. mit *Suan*.

Swik: - schweigen, Wissen bewahrend, Wissen behütend. Vgl. dazu *Swan* und *Suan*.

Swi(n)d: - schnell, lebhaft, geschwind.

Tag: - Tag, Helle, Glanz.

Tal: - Tal, Schlucht, Durchgang.

Tan: - Tanne, Wald.

Tank: - s. *Dank*.

Tarni: - verborgen, unsichtbar.

Tegis: - s. *Tag*.

Tell: - erzählen, Wissen vermitteln (altsächsisch).

Teud, Teut, Theod: - s. *Diet*.

Thiot: - Volk (ahd.).

T(h)or: - Donner, mit den Eigenschaften des Gottes Thor behaftet. S. auch *Thurs*.

Thurs, Tur(i)s: - riesenhaft (s. *Hun*), wagemutig (s. *T(h)ras*), vernichtende Kraft der Zerstörung und der Verteidigung (Blitz und Donner) mit nachfolgender Regenerierung und Fruchtbarkeit, Träger der Polarität von Leben und Tod.

Til: - geschickt, gewandt, gut, sprachgewaltig. Man denke an den wohl bekanntesten Vertreter dieses Namens: Till Eulenspiegel.

T(h)ras: - Kampfeszorn, Mut, verwegen, schnell, s. auch *Thurs* und *Turran*.

Traud, Traut, Trud, Trut: - traut, wert, vertraut, lieb, beliebt, geliebt, wehrhaft.

Triuwi: - Treue.

Truz: - Trotz, Standhaftigkeit.

Tuis: - zwei (an.).

Tur(i)s: - s. *Thurs.*

Turran: - wagen.

Udal, Ul: - s. *Adal* und *Od.*

Ulf: - s. *Wolf.*

Unda: - die Welle und ihre Eigenschaften.

Ung: - jung, zugehörig zu, Nachkomme, bezeichnet die Abkunft.

Unn: - Welle.

Uodal: - Heimat (ahd.).

Ur(uz,us) (an.): - der Ur oder Auerochs und dessen Eigenschaften, Träger formgebender Macht, Weisheit und Wissen, im Einklang mit der natürlichen Ordnung stehend, gute physische Gesundheit.

Vig: - Kampf (an.).

Volk, Folk: - Volk, Gemeinschaft, Sippe.

Wacker, Wakar (ahd.): - wach, lebhaft, s. *Kar.*

Wal: - Kampf (Walstatt), Wahl, wählen.

Wald(e), Walt, Wold(e), Wolt, Kzf. Ald und Old: - walten, gebieten, herrschen.

Walkan: - schlagen, walken.

Waltan: - walten, herrschen.

War(i), Wer: - wehren, die Wehr, aber auch wahren, die Wahrheit. Diese zwei Bedeutungen hängen sowieso eng miteinander zusammen.

Ward: - Wart, Wärter, Wächter, Hüter, Beschützer, Schirmer.

Warn, Wern(en): - Warnung, wehren, warnen, wahren, Verteidigung. Vgl. auch mit *War* und *Ward.*

Was: - scharf, streng, stark, tapfer.

Wasan: - wachsen.

Weban: - weben, verknüpfen, Zusammenhänge herstellen.

Welf: - wildes, junges Tier.

Wenten: - sich verändern.

Wer: - s. *War.*

Werk: - das *Werk.*

Wern(en): - s. *Warn.*

West: - Westen.

Wid(e,u), Wit(e), Wed: - Wald, Gehölz (engl. *wood*), im weiteren Sinne bewaldet = heilig (Hain), s. auch *Mark.*

Wig, Wik, Wich: - Kampf.

Wil(le,lo): - der Wille, das Wollen, begehren, wählen, erstreben.

Win(e,i): - Freund(in), Geliebte(r).

Wis(i), abgeschwächt ois, is: - wissend, weise, weisend.

Witu: - Gehölz (ahd.).

Wolf, Wulf, Olf, Ulf: - der Wolf und seine Eigenschaften.

Wun(na,ni,jo): - Wonne, Freude, Frohsinn, harmonisches Zusammenleben, Vereinigung unterschiedlicher Kraftfelder.

Zeis: - lieb, angenehm.

Eine kleine Auswahl männlicher Vornamen und deren Bedeutung

Adalbert	Durch edle Herkunft Glänzender
Alarich	An Adel Reicher, der weithin Mächtige
Alberich	Licht-Herrscher
Alfons	Von edler und eifriger Gesinnung
Alkwin	Schutz-Freund
Almar	Durch das Schwert Berühmter
Anselm	Leben-Beschützer, steht unter der Asen Schutz
Ansgar	Asen-Speer
Arigo	Kleiner Adler
Armin	Der Starke, gewaltig wie ein Aar
Arnd	Kühner Adler
Arnulf	Adler-Wolf
Arwed	Adler des Waldes
Baldur	Der Strahlende, Gott des Lichts
Baltram	Kühner Rabe
Bandulf	Banner-Wolf
Batulf	Kampf-Wolf
Batwin	Kampf-Freund
Beowulf	Bienen-Wolf
Berengar	Bärenstarker Ger, Kampfbereiter Bär
Bernhard	Kühn wie der Bär, Der Bärenstarke
Beroald	Bären-Bezwinger
Bertram	Prächtiger Rabe
Bodmar	Berühmter Gebieter
Brandolf	Schwert-Wolf

Burghard	Kühner Beschützer
Dagwin	Freund des Lichts
Dankfrid	Frieden-Denker
Dankward	Hüter der Gedanken
Degenar	Heldischer und stolzer Adler
Degenhard	Kühner Krieger
Detlev	Sohn des Volkes
Dietbert	Im Volke Strahlender
Dirking	Aus führendem Geschlecht
Eberhard	Kühner Eber
Ebert	Stolz von Recht und Sitte
Eckehard	Der Schwert-Starke
Edwald	Edler (Ver-) Walter
Egbert	Glänzendes Schwert
Egil	Schwert
Eginar	Der Schwertadler
Egmont	Schirmendes Schwert
Ehrhard	Ehrenhaft-Tapfer
Eike	Kzf.z.d. mit *Eg* und *Ag* gebild. Namen, Schwertmann
Einar	Schwert-Adler
Ekwin	Schwert-Freund
Enor	Für nordische Sitte und Recht
Erik	Der Ehrenreiche
Ering	Der sich mit dem Gesetz Schützende
Falko	Der Falke
Ferdinand	Mutiger Beschützer
Fokko	Volksmann
Folkward	Hüter des Volks
Framar	Der von gutem Ruf, berühmter Draufgänger
Fridhelm	Frieden-Beschützer
Fridrich	Friedreicher, schirmender Herrscher
Fritjof	Fürst des Friedens
Gaidemar	Berühmte Lanze
Gandolf	Wolfgänger
Garman	Kampfbereiter Mann
Gebmar	Berühmter Geber
Geiserich	Speer-Herrscher
Gerhard	Kühner Speer(kämpfer)
Gilbert	Edelprächtig
Gothilo	Kleiner Gothe
Guntrich	Kampfes-Herr
Hagen	Der Behütende, Hegende, stark aus sich selbst
Hagfrid	Schützer des Hages (Hofes)
Hamar	Schützender Adler

Harald	Heerkönig	Roderich	Ruhm-Reicher
Hartmut	Von starkem Mut und eherner Gesinnung	Rodewin	Freund des Ruhms
		Roland	Heimat des Ruhms
Heike	Der Mann des Geheges, des heiligen Bezirks	Rutilo	Der Ruhmreiche
		Saxmut	Mutiger Schwertträger
Heimo	Der Heimatliche	Saxrun	Geheimnisvolles Schwert
Heinrich	Der Hain-Reiche	Sigbert	Glänzender Sieger
Helmut	Der das Wissen um Heilung trägt	Sigmar	Durch Sieg Berühmter
		Sigurd	Siegendes Schwert
Herwig	Volkskrieger	Sisward	Der das Zauberlied hütet
Hilmar	Kampf-Berühmter	Skarigo	Scharführer
Horsa	Pferd(e-Freund)	Sonnwin	Freund der Sonne und des Lichts
Hraban	Der Rabe		
Ingemar	Ruhm der Heimat	Swidbert	Durch Schnelligkeit Hervorragender
Ingraban	Rabe der Heimat		
Irminar	Mächtiger Adler	Tagoin	Freund des Lichtes
Isbert	Blitzendes Eisen	Teudogis	Edler im Volk
Iwein	Freund der Walküren	Theodogrim	Schützer des Volkes
Knut	Der Kräftige	Theodulf	Volks-Wolf
Konrad	Kühn im Rat	Thjalf	Sohn des Volkes
Kunolf	Der Sippenwolf	T(h)orben	Kind des Thor
Lambert	Stolz der Heimat	Tuisko	Germanischer Gott
Landogar	Kampfbereit für die Heimat	Ulrich	An Adel Reicher, Herr des Erbhofs
Lindiko	Träger des Geheimnisses		
Luitger	Volks-Speer	Veit	Sohn des Waldes
Malgis	Strahl des Rechts	Volkart	Der für sein Volk Eintretende
Manfred	Friedens-Mann	Volkher	Volks-Herr
Markward	Grenz-Wächter	Volkwin	Der seinem Volk ein treuer Freund ist
Meduin	Der gute Freund		
Meinold	Machtvoll Waltender	Walarich	Herr des Kampfplatzes
Meinulf	Mächtiger Wolf	Wasmut	Von tapferer Gesinnung
Merlin	Der das Geheimnis kennt und es hütet	Wernulf	Wehrender Wolf
		Wiborg	Schirmender Krieger und weiser Freund
Nantwin	Wagemutiger Freund		
Norbert	Prächtiger Nordmann	Widar	Wald-Adler
Nordger	Speer des Nordens	Widugang	Waldgänger
Nordolf	Wolf des Nordens	Widukind	Sohn des Waldes
Odalgis	Edler Speer	Wieland	Kühner, fester Wille
Odoaker	Der durch das Od Wache	Wigbert	Prächtiger Kämpfer
Ortlieb	Sohn des Schwertes	Wilfrid	Frieden-Wollender
Otfrid	Edler Schütze	Wilhelm	Schützender Wille
Otilo	Der das *Od* hat	Willrich	Willens-Starker
Ragin	Der Ratgeber	Winfried	Freund, der Schutz gewährt
Rango	Krieger	Wittigis	Speer des Waldes, Wildnishüter
Ratfrid	Frieden-Rater		
Reimar	Ruhmreicher Ratgeber	Wolfgang	Weg des Wolfes
Reinhard	Überlegend-Kühner, stark im Rat	Wolfram	Der die Kraft von Rabe und Wolf trägt
Robin	Freund des Ruhms	Wunold	Im Frohsinn Waltender

Eine kleine Auswahl weiblicher Vornamen und deren Bedeutung

Adelheid	Die Edle
Adelina	Die aus edlem Stamm
Adelindis	Edle Beschirmerin
Alfruna	Die von den Elfen das Geheimnis weiß
Algisa	Edles Kind
Almut	Die Edelmütige, Die mit edler Gesinnung verzaubert
Alruna	Die um den Zauber edler Gesinnung weiß
Alsunna	Die edle Sonne
Amalaswintha	Die Arbeitsfreudige
Arna	Die Adlerin
Arrada	Klug wie ein Adler
Auda	Die das *Od* hat
Batildis	Kriegerin
Berlinde	Milde Bärin
Bernanda	Wagende Bärin
Brigitte	Die glänzend Gescheite
Bruna	Die Glänzende
Daglind	Schöne Linde am hellen Tag
Diemut	Die im Volk den Sinn erkennt/findet
Diethilde	Starke Kämpferin
Edelgard	Hüterin des Edlen, Schoß edler Art
Edeltraut	Wehrhaft in edler Gesinnung
Elfleda	Die Elfenschöne
Elfrun	Lichtvoll Beratende, Trägerin der Elfenweisheit
Eorun	Die das Geheimnis der Sitte kennt
Erlgard	Hüterin der Freiheit
Faralda	Aus gewaltigem Geschlecht
Fehild	Die Freude hat am Kampf
Ferun	Zauberische Freude
Frauke	Frau, Herrin
Friederike	Friedens-Reiche
Friederun	Zum Frieden Ratende, Schützerin des Geheimnisses
Gelsa	Die Frohmütige
Genoveva	Weberin guten Geschicks
Gerlinde	Die die Weisheit des *lint* beschützt
Gertrud	Mit dem Speer Vertraute
Gesa	Die Edle, Speerjungfrau
Gesine	Von edler Herkunft
Gislinde	Edles Schützende, edle Frau
Griseldis	Die im Verborgenen kämpft
Gudrun	Gute Beraterin, die das Geheimnis kennt, Die mit Zauber kämpft
Gu(n)dula	Das Gute Liebende
Hagarun	Allwissende Zauberin
Hauke	Kühn im Geist
Hedwig	Tüchtige Kämpferin
Heidrun	Beraterin der Sippe, wissende Hüterin der Art
Heike	Die Hegende
Heilwig	Die im Kampf Glückliche
Helgard	Hüterin des Heils
Hella	Die Heldin
Herrada	Weise Herrin
Hildrun	Kampf-Beraterin
Hilke	Die Kriegerin
Hiska	Aus vornehmen Geschlecht
Idun	Die Schaffende
Iduna	Verjüngende Erneuerung
Ingeborg	Hüterin des Heimischen
Ingrid	Beraterin der Heimat
Irmela	Die Hoheitsvolle
Irmgard	Die kraftvoll Behütende, Die allumfassenden Schutz gewährt
Irmina	Die Hohe
Isolde	Die weise Waltende
Kunna	Sippentochter
Liebgard	Leben-Behütende

Lindbrun	Die geheimnisvoll Glänzende	Swingard	Hüterin der Gesundheit
Lioba	Die Liebe	Tanka	Frau mit Gedanken
Malwine	Freundin der Gerechtigkeit	Teuderun	Die um das Geheimnis des
Marada	Berühmt durch ihren Rat		Volkes weiß
Mathilde	Machtvoll Kämpfende	Thekla	fs. Kzf., verm. auf *Diet/Theod*
Mildred	Liebevoll Beratende		zurückzuführen
Nanda	Die Kühne	Ulrike	An Adel und Begabung
Northild	Kämpferin des Nordens		Reiche
Nortrud	Den Norden Liebende	Ursula	Munteres Füllen
Nortrun	Ratgeberin des Nordens	Uta	Die das Erbe/Erbgut trägt
Norwiga	Nordische Kämpferin	Wala	Die Frau auf dem Kampfplatz
Odarike	Die reich an *Od* ist	Waltraud	Liebevoll Waltende
Odila	Die das *Od* hat	Wibke	Prächtige Kämpferin
Ortlind	Mit dem Schwert	Wilarda	Die Willensstarke
	Beschützende, Speerlinde	Wiltrud	Von liebendem Willen
Osgard	Die im Schutz der Asen steht	Wisgard	Weise Hüterin
Osrun	Die das Geheimnis des Lebens	Wulfhild	Kämpfende Wölfin
	weiß	Yelka	Ruferin im/zum Kampf
Ostara	Die Frühlingshafte		
Ragangardis	Beratende Schirmerin		
Ragelind	Beratende Zauberin		
Ragna	Die Rat weiß		
Ratlind	Kluge Beschirmerin		
Regula	Die guten Rat erteilt		
Reimut	Mutigen Rat Gebende		
Reingard	Die klug Behütende		
Rikarda	Kühne Herrin		
Rinelda	Heldische Beratern		
Rosamunde	Schöne Tochter		
Roswitha	Durch Kraft und Gesundheit		
	Berühmte		
Runhild	Mit Wissen und Kenntnis		
	Kämpfende		
Salgard	Hüterin des Hauses		
Sarhild	Gewappnete Kämpferin		
Saxild	Schwertkämpferin		
Sigga	Die Siegende		
Siglinde	Siegreich Beschirmende		
Signe	Die Siegreiche		
Sigrun	Durch Klugheit Siegende,		
	Siegesverkünderin		
Sisgard	Die das Zauberlied hütet		
Solveigh	Der Sonnenweg		
Stilla	Die Beständige, Standhafte		
Sunhild	Kämpferin der Sonne		
Swanewit	Weise Walküre		
Swanhild	Weise Kämpferin		
Swantje	Kämpfende Walküre (fries.)		

Eine Auswahl
männlicher Vornamen
aus anderen Kulturkreisen

Alb(u)in,	(lat.) Der Weiße, Freund der Naturgeister (Albwin)
Angus	(engl., kelt.) Von großer Strenge
Beat	(lat.) Der Glückliche, Schutzpatron der Inneren Schweiz
Björn	(schwed.) Der Bär
Boris	(slaw.) Kämpfer, Krieger
Cedric	(engl., kelt.) Häuptling, Anführer
Clemens	(lat.) Der Milde
Donald	(engl., kelt.) Der Mächtige
Douglas	(engl., kelt.) Vom dunklen/ schwarzen Fluss stammend
Dragan, Drago	
	(slaw.) Der Liebe, oder engl. *dragon* = Drache, dann: Hüter der Elemente und des Schatzes
Edmund, Edward	
	(altengl. *ead* = Besitz, Glück) Der das Glück beschützt
Erik	(nord.) Mächtig aus eigener Kraft
Fabian	(lat.) Die Bohne
Felix	(lat.) Der Glückliche
Florian	(lat.) Der Blühende
Frithjof	(nord.) Der edle Beschützer
German	(lat.) Der Germane
Glenn	(engl., kelt.) Vom dunklen Tal stammend

Gordon	(altengl.) Vom Hügel mit den drei Spitzen stammend
Gustav	(nord.) Starker Kämpfer
Helge,	(nord.) Der Gesunde
Humphrey	(engl.) Der den Frieden jung erhält
Ingvar	(altisl.) Hüter des Asen Ingwio, russ. Igor
Justus	(lat.) Der Gerechte
Kevin	(engl., kelt.) Der Höfliche
Knut	(nord.) Der Waghalsige
Markus, Martin	
	(lat.) Zum/dem Kriegsgott Mars gehörig, der Krieger
Marvin	(engl.) Der für seine Freundschaft berühmt ist
Morgan	(kelt.) Am Meer geboren, aus dem Meer stammend
Nigel	(engl.) Der Schwarze
Norman	(engl.) Der Nordmann
Sven	(nord.) Junger Mann
Osborn	(engl.) Der göttliche Bär
Oscar	(altisl. Asgeirr, dt. Ansgar) Der göttliche Speer
Owen	(kelt.) Junger Krieger
Parzival	(engl.) Der das Tal durchstreift
Rurik	(russ.) dt. Roderich, der Ruhmreiche
T(h)orben, T(h)orbjörn	
	(nord.) Bär bzw. Berserker des Thor
T(h)orsten	(nord.) Hart (Stein) wie Thors Hammer
Ulf	(nord., fries.) Der Wolf
Urs	(lat.) Der Bär
Victor	(lat.) Der Sieger, Siegreiche
Wladimir	(russ. *mir* = Frieden) Großer Herrscher

Eine Auswahl weiblicher Vornamen aus anderen Kulturkreisen

Alba	(lat.) Die Weiße, Helle, Leuchtende
Alina	(kelt.) dt. Adelheid
Alison	(engl.) Von heiligem Ruf
Amata	(lat.) Die Geliebte
Astrid	(skand.) Göttliche Reiterin
Beate	(lat.) Die Glückliche
Bianca	(ital.) Die Weiße
Blanka	(lat.) Die Blonde
Brenda	(engl.) Die Kämpferin
Bridgit	(kelt.) Die Erhabene, dt. Brigitte, nord. Birte
Cara	(kelt.) Die Freundin
Clara	(lat.) Die Berühmte
Cosima	(griech.) Die Geschmückte (vgl. *kosmos* = Ordnung, Schmuck)
Dana	(slaw.) Die von Gott Beschenkte, (kelt.) Göttin der Erde
Dawn	(engl.) Morgenröte
Deirdre	(ir., kelt.) Junge Frau von großer Schönheit
Diana	(lat.) Göttin der Jagd
Dunja	(russ.) Die Hochgeachtete
Edda	(skand.) Urgroßmutter, Mutter Erde
Enid	(kelt.) Klarer, heller Geist
Fiona	(engl., gäl.-kelt.) Die Schöne
Flora	(lat.) Göttin der Blumen und Pflanzen
Gail	(altengl.) Die Lebhafte, Die Fröhliche
Gerda	(nord.) Die Schützende, fries. Gesa
Gilda	(kelt.) Frau der Götter, Bewahrerin des Göttlichen
Ginevra	(kelt.) Weiße Woge (vgl. Genoveva, Geneviève, Jennifer)
Gwendolyn	(engl.) Jagdgöttin, (kelt.) Die mit der weißen Stirn
Hjördis	(nord.) Schwert der Göttin
Imogen	(altir. Ingen) Tochter
Irene	(griech.) Göttin/Hüterin des Friedens
Iris	(griech.) Götterbotin, deren Symbol der Regenbogen ist
Isolde	(kelt.) Eiserne Herrscherin
Katharina	(griech.) Die Reine
Kira, Kyra	(russ.) Die Herrin
Lil(l)ian	(engl.) Lilie, Blume der Reinheit und des Adels
Liv	(nord.) Die lebt um zu schützen
Ludmilla	(slaw.) Die beim Volk Beliebte
Maja	(lat.) Göttin/Hüterin des Wachstums
Melina	(griech.) Die die Kraft der Esche trägt
Melissa	(griech.) Die Biene
Moira	(kelt.) Die Große, Die Überragende
Nanna	(altnord. Göttin) Geliebte des Sonnengottes Baldur
Regine	(lat.) Die Königin, die Herrscherin
Renate	(lat.) Die Wiedergeborene
Rowena	(kelt.) Die mit der weißen Mähne
Sylvia	(lat.) Die im Wald wohnt, Die Waldgängerin
Sophia	(griech.) Die Weise
Swetlana	(russ.) Die Helle
Undine	(lat.) Die Woge, Tochter der Wellen
Urda	(schwed.) Die um die Vergangenheit weiß
Ursula	(lat.) die Bärin
Vivian(e)	(lat., engl.) Die Lebendige
Zoe	(griech.) Die das Leben in sich trägt
Zorana	(slaw. zu lat. *Aurora*) Göttin der Morgenröte

Welchen Baum für welches Kind?

Der Symbolgehalt des Baumes ist so unterschiedlich wie seine Erscheinung, seine biologische Bestimmung und die Art und Weise, in der er die Widerstände seines Lebensraumes (ökologische Nische) meistert. Wir können hier nur kurz auf die unterschiedlichen Merkmale der Baumarten eingehen. Wir geben deshalb nur einige ausgewählte, kurze Beispiele und fordern damit auf, die hier dargelegten Gedanken weiter zu denken, sich dessen immer bewusst: „Bäume sind Menschheitslehrer!"

Ahorn

Der Ahorn ist ein schnellwüchsiger Baum, der fast überall gedeiht. Er ist kräftig, mittelgroß mit unendlich vielen Ästen und Zweigen und mit einer dichten, runden Krone. Er wächst sehr gerade, wird bis zu 200 Jahre alt und besitzt ein schönes weißes Holz. Seine hellen, grüngelben herabhängenden Rispen blühen im Mai, und im September bildet er die typischen geflügelten Spaltfrüchte, an denen man ihn leicht erkennen kann. Im Herbst fällt er durch seine roten Blätter besonders auf und ist eine wahre Augenweide. Der Ahorn besitzt einen ausgeprägten Expansionsdrang und tut alles dafür, diesen voll auszuleben.

Man sagt, dass der Ahorn ein Glücksbaum sei und in vielen Sagen und Märchen zeigt er den Menschen, wo Schätze zu finden sind bzw. sind sie unter diesem begraben. Der Ahorn wird aus diesem Grund mit dem Verborgenen in Verbindung gebracht.

Apfelbaum

Die Form des Apfelbaumes ist bizarr, und seine Rinde sieht sehr verwittert aus. Im Frühjahr treibt dieser Baum als einer der ersten wunderschöne, herrlich duftende, hellrosa Blüten (je nach Sorte auch weiß oder rot) und gilt daher als Frühlingsbote. Er ist ein mittelgroßer Baum mit unregelmäßiger, dichter Krone, langen Ästen und kann bei guter Gesundheit und regelmäßigem Astschnitt sehr alt werden. Es wurden mittlerweile Pflanzenreste von Apfelbäumen gefunden, die aus dem Neolithikum stammen.

Die germanische Göttin Freyja wurde oft mit einem Apfel in der Hand dargestellt (vgl. Reichsapfel), und die goldenen Äpfel der Iduna verlangsamen den Alterungsprozess der Götter. Die Kelten wiesen dem Apfelbaum den Sonnen- und Erntegott Lug zu bzw. sprachen von Avalon – dem Jenseits – als dem Land der goldenen Äpfel. Schneidet man die Frucht quer durch, so stellt das Kerngehäuse ein Pentagramm dar und galt aus diesem Grund den Hagedisen als Schutzsymbol. Äpfel sind ein wertvolles Nahrungsmittel in der Julzeit und hängen als heilig-heilender Schmuck am Weihnachtsbaum. Aber auch beim Ahnenmahl werden Äpfel gereicht und zum Ausschmücken des Hauses verwendet und schlagen somit eine Brücke zwischen der unserigen Welt und der Welt der Verstorbenen / Ahnen. Außerdem gilt der Apfel als Fruchtbarkeitssymbol und strahlt somit eine starke sexuelle Botschaft aus.

Der Apfelbaum ist der Baum der Familie, der Sippe, des Clans und der spirituellen Gemeinschaft.

Baumhasel

Der Baumhasel oder Haselnussbaum wird oft mit dem Haselnussstrauch verwechselt – und umgekehrt. Die Hasel ist ein unauffälliger Baum, der dank seiner Frucht sehr bekannt ist. Steht man der Hasel gegenüber, so strahlt diese Freundlichkeit und eine große Portion Optimismus aus. Die Rinde ist braungrau, glatt, oft etwas glänzend und wird im Alter leicht rissig. Die Krone ist verzweigt und dicht. Die Ruten sind sehr biegsam und werden daher genauso gerne wie die Weide zum Bau von Schwitzhütten verwendet, aber auch zum Herstellen von Pfeilen, Bögen und Angelruten. Anfangs stehen diese immer aufrecht und gelten daher als phallisches Symbol, während sie im Alter doch mehr und mehr nach unten hängen (wie im richtigen Leben).

Bei den Kelten war die Hasel mit diversen Fruchtbarkeitsgöttinnen verbunden und stand für Fruchtbarkeit und sexuelle Kraft. Zu Fasnacht „faselten" die Burschen im Zuge ritualisierter sexueller Verfolgung die Mädel, Knecht Ruprecht übertrug Lebens- und Frühlingskraft mittels seiner Rute. Eine keltische Legende erzählt vom Lachs der Weisheit, der herab fallende Haselnüsse fraß und sich dadurch die alten Mysterien einverleibte. Die Hasel verkörpert das Alte Wissen und ist mit der Zahl 9, der Zahl Wotans, verbunden, da sie erst im neunten Jahr Früchte trägt. Dank ihrer neutralisierenden Wirkung von Erdstrahlen wird sie seit Jahrhunderten in Gärten angepflanzt, dort am liebsten in Gemeinschaft des Holunderstrauches. Heute findet sie vor allem als Rute zum Aufspüren von Wasser-, Erd- und Magnetstrahlungen ihre Verwendung.

Dieser Baum ist eine wahre Pionierpflanze und geht dahin, „wo noch kein anderer Baum sein kann und erobert neue Denkweisen, neue Einstellungen, neuen Lebensraum, um fruchtbares Land für alle, die ihm folgen wollen, zu hinterlassen" (*Vicky Gabriel*).

Birke

Sie ist ein schnellwüchsiger, zierlicher, mittelgroßer Baum mit weißer, silbriger, sich ablösender Rinde und einer schmalen, spitzen Krone. Ihre Kätzchen blühen als erstes, und sie steht daher für Wiedergeburt, Wachstum, Fruchtbarkeit und als Lichtbote. Ihr hoher Gehalt an Teerstoffen lässt das Holz brennen, auch wenn es noch naß ist. In der Medizin sind die Kräfte der Birke nicht mehr wegzudenken und finden vielseitig ihre Anwendung, wie zum Beispiel für die Blutreinigung, gegen Schuppen, gegen Kopfschmerzen (Migränemittel), Rheuma, Arthritis und Gicht. Sie ist entzündungshemmend, harntreibend, fiebersenkend. Trotz ihrer hängenden Äste strahlt sie doch Freude und Fruchtbarkeit aus. Mit der Birke werden die germanischen Göttinnen Freyja und Gerda sowie die keltische Brigid (Lichtgöttin) in Verbindung gebracht. Zu Fasnot werden ihre jungen Ruten als Faselzweige (fasel bedeutet fruchtbar) zum gegenseitigen Schlagen und damit zum Fruchtbarmachen verwendet. In der finnischen Sauna klopft man die Lebensgeister aus dem (winter-) trägen Körper.

Sie ist der Baum, der traditionell als Maibaum, dem Symbol der kosmischen Hochzeit und sexuellen Vereinigung von Gerda (Erde) und Freyr (Sonne), mit bunten Bändern geschmückt und umtanzt wird. Die Birke ist der Baum der „lichten Fröhlichkeit, die Depressionen keine Chance lässt", und gilt ihrer weißen Rinde wegen als Baum der Reinheit.

Birnbaum

Der Birnbaum ist ein mittelgroßer Baum mit einer unregelmäßigen Krone und einer graubraunen, mit Längs- und Querrissen übersäten Rinde. Die aufrechten Äste stehen später ab, was dem Baum seine typische Form gibt. Sie wird in der Regel mehrere hundert Jahre alt, und manchmal wachsen Misteln in der Krone. Bis ins hohe Alter kann der Birnbaum Früchte tragen und sich vermehren.

Anmut, Stillleben, Neuanfang, Zuverlässigkeit – das sind die Stichworte, die diesen Baum prägen. Wie auch der Apfel galt die Birne als Frucht der Verführung. Möchte jemand bei einem jung verheirateten Paar Zwietracht säen, so überreicht er einem der Partner eine Birne. Wilde Birnbäume waren bei den Germanen heilige Bäume; im Zuge der Verbreitung des Christentums wurden viele dieser wilden Birnbäume gefällt und fast ausgerottet. Bis ins fünfte Jahrhundert stand in Auxerre ein geweihter Birnbaum, der einem eifrigen Missionar zum Opfer fiel.

Buche

Die Buche ist ein sehr großer Baum mit geradem Stamm, tief angesetzten Ästen und einer breiten, kuppelförmigen und sehr dichten Krone, durch die so gut wie kein Licht dringen kann. Ihre Rinde ist glatt und grau gefärbt. Ihre Früchte, die Bucheckern, schmecken sehr gut und dienen als Nahrungsquelle für frei lebende Wildschweine. Buchenwälder haben etwas Mystisches an sich, da sie in einem für sie typischen feierlich-heiligen Zwielicht stehen und kaum Unterholz besitzen.

Die Buche schlägt eine Brücke zur Vergangenheit und beschwört Erinnerungen herauf. Sie ist an der Seite des „Königs Eiche" die Königin im Walde und besitzt einen ausgesprochen weiblichen Charakter. Sie weckt Gefühle der Geborgenheit, einen warmen Mutterinstinkt und das Vertrauen in Sicherheit: Sie ist die *Sonnenhafte*.

Die Zweige der Buche werden seit jeher zum Schnitzen von Runenstäben benutzt, wovon der Name „Buch-Stabe" sich ableitet. Sie galt bei den Germanen als geweihter Baum, die Römer verehrten die Buche als „Portafortuna", als Glücksbringerin; sie verwendeten ihr Holz zur Herstellung von Opfergefäßen.

Eberesche

Die Eberesche oder Vogelbeere ist ein kleiner bis mittelgroßer Baum, der öfters auch als Strauch vorkommt. Sie hat einen geraden Stamm mit einer runden, offenen Krone und einer glatten, glänzenden Rinde. Ihre Früchte wachsen doldenartig und sind gelb bis orange gefärbt. Sie dienen als Vogelfutter. Dieser Baum wird nicht sehr alt, führt aber dafür ein abwechslungsreiches Leben. Der altdeutsche Name Quickenbaum (quick = lebendig, lebhaft) weist noch darauf hin, ebenso die Tatsache, dass sie früher an heiligen und Thing-Stätten gepflanzt wurde.

Die Eberesche war Thor (keltisch Taranis), dem Donnergott, geweiht und wurde auch von den Druiden verehrt. Thor heilte seine Ziege mit den Blättern der Eberesche, wenn sie verletzt oder hungrig war. Sie weckt die Lebenslust im Menschen, wirkt blutreinigend und Wasser treibend. Der Rauch vom brennenden Ebereschenholz dient zur Anrufung von Ahnen und Tiergeistern sowie zum Beschwören von Geistwesen. Die Druiden stellten ihre Zauberstäbe aus ihrem Holz her. Übrigens: die vitaminreichen Beeren sind nicht giftig, auch im rohen Zustand nicht! Sie schmecken ungekocht bitter, eigenen sich aber bestens zum Herstellen von Marmelade.

Sie ist der Baum des Fastens und der Selbstreinigung, und dies sowohl organisch wie spirituell gesehen.

Eibe

Die Eibe ist das langlebigste Gehölz in unseren Breitengraden und wird weit über 2000 (!) Jahre alt. Sie wächst extrem langsam und ist ein immergrüner Nadelbaum. Ihre Nadeln sind sehr weich und angenehm anzufassen. Aber Vorsicht: alles außer dem roten Fruchtfleisch ist mit dem tödlichen Gift Taxin versehen (nur die weiblichen Bäume!). In der Sonne verdampft dieser Wirkstoff, was zu einer halluzinogenen Wirkung führen kann. Sie steht unter Naturschutz (da vom Aussterben bedroht), und wenn eine gewisse Anzahl von Eiben in einem Wald stehen, so wird dieser zum Naturschutzgebiet erklärt. Sie dient daher zur einfachen, aber effektiv-subversiven Naturschutzaktivität!

Dieser Baum hat eine starke Verbindung zum Jenseits und ist traditionell ein Bindeglied zwischen Leben und Tod – bei den Kelten war sie der Totengöttin Morrigan geweiht und bei den Griechen führte der Weg in die Unterwelt durch eine Eibenallee. Sie beschützt die Verstorbenen, und ihre Zweige werden dem Sarg mitgegeben, um den Seelen auf ihrer spirituellen Reise beizustehen. Sie wird mit dem „Reisen zwischen den Welten" assoziiert, was auf die halluzinogene Wirkung ihres Giftes zurück zu führen ist.

Der Eibe werden die dunkelsten Tage, kurz vor der Wintersonnenwende, zugewiesen. Sie ist Führerin in die höchsten Mysterien und Hüterin der Schwelle, sie ist die Große Mutter, die Nährerin – und die dunkle Alte.

Eiche

Dieser Baum wird bis zu 40 Meter hoch und ist oft ebenso tief verwurzelt. Die Stieleiche wächst etwas breiter als die Traubeneiche und besitzt dadurch eine sehr große, ausladende Krone, aber dafür ist der Stamm der Traubeneiche gerader als der der Stieleiche. Eichen können einige hundert Jahre alt werden, in vielen Gegenden stehen noch „tausendjährige Eichen". Aus ihren Früchten, den Eicheln, lässt sich Kaffee gewinnen (Muckefuck), der eine blutreinigende Wirkung besitzt und gegen Jugendpickel und Akne hilft.

Die Eiche war einst der Mittelpunkt verschiedener heidnischer Religionen. Bei den Römern war sie dem Gott Jupiter geweiht, und sie nannten sie aus diesem Grund „Quercus Jovis", die „Eiche des Jupiter". Die Griechen weihten diesen Waldriesen Zeus, die Germanen Donar (Thor) und die Kelten Taranis. Bonifatius fällte zu Missionierungszwecken im Jahre 723 die Donareiche bei Fritzlar. Im altgriechischen Waldheiligtum von Dodona wuchsen Eichen als Weissagungs- und Orakelbäume. Germanen und Kelten legten unter ihnen Treueschwüre und Gerichtssitzungen ab. Krieger wie Jäger schmücken sich auch heute noch mit Eichenlaub.

Die Eiche spricht ihr Gebet unter der Erde, denn ihr Wurzelwerk ist im mindesten so ausgedehnt wie das Geäst. Jedes kleine Ästchen hat im weitläufigen Wurzelsystem der Eiche seine spiegelbildliche Ergänzung. Die Eiche überdauert Jahrhunderte, sie steht fest im Mutterboden, den Stürmen (und Moden) der Zeit gleichgültig gegenüber. Die Eiche repräsentiert Macht und Herrschaft heimatlicher Bodenständigkeit. In ihrer Gegenwart spüren, ja erahnen wir den Sinn des Seins: „Wille zum Licht durch Kraft aus dem dunklen Grund".

Die Eiche ist eben ein typisch „männlicher" Baum und symbolisiert Stärke, Ausdauer und Willen, aber auch die Verteidigung von inneren wie äußeren Grenzen. Eichenmedizin hilft seit jeher, die männliche Kraft in Klarheit zu bewahren – die echte, tiefe, wahre Männlichkeit, die aus „sorgsamer Selbstwahrnehmung unter Einbeziehung von Gefühl und Intuition" erwächst.

Erle

Die Erle ist ein schlanker, mittelgroßer Baum mit einem geraden Stamm und einer breiten und kegelförmigen Krone. Sie verbreitet bereits im Februar – März einen angenehmen Duft, der den kommenden Frühling verkündet. Sie ist der einzige Laubbaum, der eine kiefernzapfenähnliche Frucht hervor bringt. Wird ihr helles Holz verletzt, so verfärbt dieses sich blutrot. Sie ist ein Birkengewächs, das circa 150 Jahre lebt. Das Holz verfärbt sich im Wasser schwarz und wird extrem hart, ja fast unverwüstlich. Die Erle ist also „wasserfest" – gut geeignet für Menschen, die zu nahe am Wasser gebaut sind.

Durch ihre Eigenschaft, bereits vor dem Blätterkriegen zu blühen, gilt sie als Symbol des Neubeginns. Für die Druiden war sie ein heiliger Baum, aus dessen Holz sie Flöten schnitzten, um damit Naturgeister zu verführen. Das Holz dieses Baumes spielt in diversen keltischen Ritualen eine wichtige Rolle. So stellte man zum Beispiel Opfermesser daraus her, oder man fertigte Schutz bietende Amulette. Die Erle ist die Hüterin der Schwelle ins Land hinter den Nebelschwaden. Wer dorthin reisen möchte, der wird genauestens von ihr geprüft.

„Sie ist ein routinierter Führer, wenn es um die Erkundung des Wassers in Dir geht – Deine emotionalen Tiefen, Deine dunkle Seele", sagt Vicky Gabriel und rät: „Gehe nur zu ihr, wenn Du bereit bist, alles loszulassen, was alt und überholt ist. Dann wirst Du unter Umständen eine wahre Wiedergeburt erleben!"

Esche

Die schnellwüchsige Esche ist ein großer Baum mit einer offenen, kuppelförmigen Krone und einem glatten Stamm. Die Krone passt sich der Gegebenheit an, das heißt steht sie frei, so ist sie sehr breit. Im Wald dagegen wächst sie lang und schmal. Sie wird sehr alt und ist an ihren schwarzen Knospen gut zu erkennen. Vor dem Treiben der Blätter blüht sie meist.

Sie gilt als Beschützerin der Götter und als Schutzheilige der Ernte. Bei den Germanen war sie die heiligste aller Bäume, der Weltenbaum Yggdrasil soll eine Esche sein. An der Esche Yggdrasil sprechen die Götter täglich Recht, die Neun Welten lassen sich auf ihr wieder finden. An ihrem Fuß entspringt die heilige Quelle der Weisheit, die Krone ziert der Sonnenadler. Bei den Römern war die Esche dem Mars geweiht, dem Kriegsgott und Vater der Zwillinge Romulus und Remus. Das lateinische Wort „Fraxinus" heißt sowohl Esche als auch Lanze oder Speer – das harte Holz eignet sich gut zur Anfertigung von Speeren. Für die Druiden waren Zauberstäbe aus Eschenholz ein fester Bestandteil ihrer magischen Ausrüstung, und auch Schutzamulette aus Eschenholz sind überliefert. Odin hing neun Tage und Nächte in einer Esche, um die Runenweisheit zu erlangen – und damit im Baum der Visionssuche und der schamanischen Einweihung.

Hainbuche

Die Hainbuche besitzt eine silbergraue Rinde, die bei jungen Bäumen glatt ist und bei großen Exemplaren Risse in der Längsrichtung zeigt. Viele Hainbuchen besitzen einen gedrehten Stamm. Die Nussfrüchte, die nur an den weiblichen Exemplaren zu finden sind und sich aus den Rispen entwickeln, sind in ihrem dreilappigen Hüllblatt typisch für diesen Baum. Die Hainbuche wird als Strauch gern zur Abgrenzung verwendet. Sie kann sehr alt werden, fällt aber meist der Industrie als Nutzholz (Feuerholz, Werkzeug) zum Opfer.

Ihre stärkste Eigenschaft ist ihr individueller Überlebensdrang, der sie fast unabhängig von der Natur macht. Sie passt sich jedem Lebensraum perfekt an und kann fast überall gut gedeihen. Ihre Äste wurden zur Herstellung von Hexenbesen verwendet, und Hainbuchenwäldchen tragen im Volksmund den Namen „Hexenbesen".

Kastanie

Es gibt zwei Arten von Kastanien: die Rosskastanie und die Edelkastanie. Wir reden hier nur von der Ersteren. Die Rosskastanie wird sehr groß und breit und benötigt entsprechend viel Raum. Sie ist relativ anspruchslos und genau wie die Platane rauchhart, weshalb sie als Straßen- und Alleebaum gerade in industriereichen Städten Verwendung findet. Ihre große Krone ist schön verzweigt und kuppelförmig, ihre Rinde graubraun und anfangs glatt, später dünn und schuppig. Ihre Früchte sind nicht genießbar, dafür aber zum Basteln sehr beliebt.

Die Kastanie (beide Varianten) ist ein Vertreter der perfekten Harmonie und besitzt geballte Energie, die man bei einer Umarmung spüren kann. Sie opfert gern einen Teil von sich, um Probleme aus der Welt zu schaffen und die perfekte Harmonie wieder herzustellen, genauso wie Tyr einst seine Hand opferte um den Fenriswolf zu fesseln. Unter der rauen, stacheligen Oberfläche befindet sich geschütztes Wissen, was nicht jedem zugänglich ist.

Kirschbaum

Die Süßkirsche ist ein relativ kleiner, hoch wachsender, aufrechter Baum mit einem kräftigen Stamm, der durch seine enorm großen Lentizellen, die sich waagerecht bilden, auffällt. Die Kirsche trägt erst im sechsten Jahr Früchte und ist mit 15 Jahren im besten Alter. Sie stammt von der Vogelkirsche ab, deren Früchte schon vor über 6.000 Jahren verspeist wurden. Sie benötigt bis zu 80 m² Standraum und sollte nicht zu eng mit anderen Bäumen gepflanzt werden.

Die Kirsche repräsentiert die zusammengehörigen Zwillingskräfte, die in den meisten Mythologien der Religionen zu finden sind: Kain und Abel bei den Juden und Christen, Romulus und Remus bei den Römern. Geschöpfe wie Loki vereinen diese Dualitäten in sich: Einerseits hilft er mit seinen Listen den Göttern, andererseits aber stellt er sich auch gegen sie, je nachdem wie es ihm beliebt. Ihre stark duftenden Blüten wecken Erinnerungen an Fruchtbarkeitsgöttinnen, zeigen den Frühling an und lassen Heiterkeit in jedem aufsteigen – und außerdem ist so eine tiefrote, saftige, wohlschmeckende Kirsche das bei weitem sinnlichste Erlebnis, welches man in einem Baum sitzend erleben kann.

Linde

Die Linde ist ein großer Baum mit einer unregelmäßigen, kuppelförmigen Krone und einer mattgrauen, erst glatten, dann später gerippten und mit feinen Rissen versehenen Rinde. Sie kann sehr alt (bis zu tausend Jahre) werden. Heute ist sie ein beliebter Straßenbaum, und das nicht nur im kölnischen München...

Die Linde steht für die bedingungslose Liebe in der Beziehung und ist der Liebesgöttin Freyja geweiht. Viele ihr geweihte Linden, die sog. Freyja-Linden, wurden später in Maria-Linden umgetauft. Der Name Linde leitet sich vom lateinischen Wort lentus (biegsam) und/ oder vom ahd. lint (Schlange, das Geheimnis hütend) ab. Die christlichen Heiligenbilder werden aus Linden geschnitzt, weshalb dieses auch „Lingnum Sanctum", das „heilige Holz" genannt wird. Ein Lindenblatt auf dem Schulterblatt von Siegfried während des Bades im Drachenblut besiegelt sein Schicksal – den Mord durch Hagen. Somit vereint die Linde Siegfrieds größte Stärke und größte Schwäche in einem. Des Weiteren verwendeten die Germanen die Linde als Gerichtsbaum.

In einigen Dörfern stehen heute noch „tausendjährige Linden", unter denen in der alten Zeit Gericht gehalten wurde. Die Linde ist als Dorflinde Mittelpunkt der Siedlung und der Gemeinschaft. Oft an einem Brunnen gelegen, ist sie Treffpunkt der Verliebten wie auch dann später Schutzbaum bei Eheschließungen. Selbst die Blätter haben die Form von Liebesherzen! Linden zu pflanzen heißt: Liebe zu säen, Gemeinschaft zu stiften und Sinn zu geben!

Pflaumenbaum

Der Pflaumenbaum ist ein kleiner Baum mit kugeligem Wuchs. In der Jugend ist er häufig bedornt, ansonsten sind seine Äste fein behaart oder kahl. Die Früchte sind ungewöhnlich mannigfaltig in Form, Farbe, Fruchtfleischkonsistenz und Reifezeit.

Die Pflaume ist ein Baum, der mit dem weiblichen Geschlecht assoziiert wird. Dies liegt hauptsächlich an der Form ihrer Frucht, woher der sprichwörtliche Ausdruck „Pflaume" für Vulva herrührt. Die Griechen assoziierten mit ihr die sexuelle Vereinigung. Das Aufbrechen der Frucht erinnert in Form und Weichheit an die sinnliche Reife und Empfänglichkeit, das herausquellende Harz an Verletzungen der Rinde an weibliche Wolllust.

Seit über 3.000 Jahren kultivieren die Griechen verschiedene Arten und Sorten des Prunus, und steinzeitliche Grabungsfunde am Bodensee weisen aus, dass dort zu dieser Zeit bereits Zwetschgen wuchsen. Auch wenn sich sonst nicht viel Spirituelles über diesen Baum und seine Frucht erzählen lässt – Pflaumenknödel und Zwetschgendatschi sind einfach unschlagbar!

Robinie – Schein-Akazie

Die Robinie ist auch unter den Namen Scheinakazie bekannt, worauf der botanische Name (pseudoacacia) hinweist. Sie wächst sehr schnell und ist ein mittelgroßer Baum mit einer offenen Krone. Ihre Zweige sind gedreht und brechen leicht, das Holz trotzdem extrem hart und witterungsbeständig. Die Rinde ist hellgrau bis graubraun. Fast alle Teile enthalten das Nervengift Robin. Ihre weißen Blüten duften im Juni angenehm süßlich und fallen einem sofort auf. Sie stammt ursprünglich aus Nordamerika und ist hier mittlerweile heimisch. Die Robinie wächst sowohl im Wald als auch im Freien, und ihre vielfältige Lebenserfahrung reicht sie gerne weiter. Ihr wird der Spruch „Einsicht und Besinnung geben die Kraft, den Umgang mit der eigenen Verantwortung zu lernen" zugeschrieben, was sicher seinen Grund hat.

In Belgien gilt bis heute der Brauch, mit Hilfe der Robinie in Liebesangelegenheiten wahrzusagen. Die nordamerikanischen Indianer gewannen aus ihrem Gift einen Wirkstoff, der einen todesähnlichen Schlaf hervorruft, mit dessen Hilfe sie in Kontakt mit ihren Ahnen traten.

Die Akazie ist ein spezifischer Wüstenbaum. Ihre Wurzeln können sich bis zu 80 Meter durch den wasserlosen Sand in die fossilen Regenwasserreservoire längst vergangener Zeiten bohren. Finden die Wurzeln an der Oberfläche Wasser, so ziehen sie den Baum langsam, nahezu unmerklich in diese Richtung nach. Der Baum wandert dem Leben entgegen oder nährt sich aus der Kraft der Vorzeit, die im dunklen Schoß der Tiefe schlummert.

Ulme

Die Ulme ist ein großer Baum mit offenem Wipfel und vielen Seitentrieben am Stamm. Auch ihre Früchte (Nüsschen) reifen heran, bevor der Baum Blätter treibt. Sie kann theoretisch sehr alt werden (circa 400 Jahre), wäre da nicht das Problem mit dem Ulmensterben. Pilzsporen breiten eine tückische Krankheit aus, die vom Ulmensplintkäfer übertragen werden. Dieser Pilz-Schmarotzer bohrt sich tief in die graubraune Rinde hinein und entzieht dem Baum die Pflanzensäfte (ihre sprichwörtlichen Lebenssäfte). Durch diese Krankheit ist die Ulme vom Aussterben bedroht, und Berechnungen zufolge kann es sein, dass sie in 50 Jahren ausgestorben ist. Und dabei war sie bis 1950 der häufigste Baum in Europa!

In der germanischen Mythologie entstammt das Geschlecht der Menschen einer Ulme und einer Esche, die Griechen verwendeten sie als Symbol von Trauer und Tod. Die Römer weihten die Ulme Ceres, der Göttin des Ackerbaus, und die Griechen machten dies zu Ehren der Demeter. Und auch den Kelten war sie heilig: Sie sprachen den sog. Ulmen-Menschen eine besondere Fähigkeit in der Überwindung von Angst zu, um vertrauensvoll in die Zukunft blicken zu können. Welche Zukunft? Wie geartet, wie gestaltet? Für Vicky Gabriel ist die Ulme daher der „Opferbaum unserer Zeit".

Walnussbaum

Der Walnussbaum ist ein großer Baum mit geradem oder gegabeltem Stamm und einer weit ausladender Krone. Die Rinde ist dunkelgrau und glatt, im Alter meist rissig. Im Herbst verfärben sich die grünen Früchte braun, und die Fruchthülle platzt auf. Der eiförmige Kern (Nuss) wird sichtbar, der Samen ist nun genießbar. Die geschwefelten Nüsse im Supermarkt sind zwar länger haltbar, aber die naturbelassenen und selbst gesammelten schmecken einfach besser. Er steht gerne solitär und gilt als wahrer Einzelgänger.

Im Altertum war die Walnuss ein Symbol der Fruchtbarkeit, und ihr botanischer Name Juglans leitet sich von „Glans Jovis" ab, was „Eichel des Jupiter" bedeutet. Die Germanen weihten diesen Baum den Göttern Fro und Donar. Der Brauch, zum Nikolaustag Nüsse zu schenken, rührt noch von einem Opferfest zu Ehren Donars her. Die Römer weihten diesen Baum Jupiter, und die Griechen weihten ihn Zeus. Bei anderen Völkern war dieser Baum der Proserpina, der Göttin der Unterwelt, geweiht (griechisch Persephone, Tochter der Demeter, Mutter Erde). Seine heilende Wirkung ist seit dem Altertum bekannt.

Weißdorn

Den Weißdorn finden wir in der Natur als dornigen Strauch oder kleinen Baum, dessen Stamm sich schon am Boden stark verästelt. Seine Krone ist dicht und unregelmäßig, fast verwirrt im Wuchs, die Zweige sind bedornt. Die stark duftenden Blütentrauben sind weißrosa und blühen in der Zeit von März bis Juni. Großgrundbesitzer pflanzten Weißdornhecken, um so aufsässigem und unerwünschtem Volk den Zutritt auf ihr Land zu erschweren.

Nachdem die griechische Göttin Hera die Blüten eines Weißdorns berührt hatte, wurden ihre Kinder Ares (der Kriegsgott) und Eris (Göttin der Zwietracht), geboren. Seine blühenden Zweige sind auch heute noch ein Fruchtbarkeitssymbol und werden jung verheirateten Paaren geschenkt. In Frankreich und England schmückt man die „Mai-Königin" mit Weißdorn. In Irland werden die Sträucher mit Weihe- und Opfergaben behangen, oft auch mit bunten Stoffstreifen, – zu Ehren der keltischen Göttin Dana, der Braut des Sonnengottes Lug.

Der Weißdorn steht in Verbindung mit dem Feenreich, denn wen der Dorn sticht, der versinkt in einen tiefen *schamanischen* Schlaf (Dornröschen). Merlin wurde unter einen Weißdornbusch, also ins Reich der Naturgeister, verbannt. Seine Äste werden im Haus zur Abwehr von bösem Zauber aufgehängt, aber auch in Heilungsritualen finden sie ihre Verwendung (Stärkung des Herzens mit vitaler Lebenskraft). Aufgrund der starken Verbindung mit dem Feenreich werden aus den Ästen gerne Zauberstäbe hergestellt.

Wie bestimme ich den Standort?

Nachdem man sich für einen Standort entschieden hat, gilt es, die richtige Wahl des Baumes zu treffen, oder umgekehrt. Ist der erwählte Ort von früh bis spät der prallen Sonne ausgeliefert? Oder erhält er von anderen Bäumen, Sträuchern oder einem Haus vor der Mittagssonne Schutz? Durch einen Anruf beim örtlichen Grünflächen-Amt erfährt man die Eigenschaften des Bodens. Mit Teststreifen aus der Apotheke kann man selbst testen, ob der Boden sauer oder alkalisch ist. Liegt die Gegend in einem Kalksteingebirge, so wird der Boden reichlich kalkhaltig sein. Ist der auserwählte Ort am Waldrand, so wird der Boden nährstoffreich und humusartig sein. Sonnige Plätze sind sehr trocken und müssen meist häufig gegossen werden, während schattige Plätze feucht sind und weniger Pflege bedürfen. Diese Kriterien sind für das Gedeihen und eine lange Lebenserwartung äußerst wichtig!

Wie wird ein Baum richtig gepflanzt?

Sobald Sie sich für einen Baum entschieden und diesen in einer Baumschule gekauft haben (Bäume aus Gartencentern oder Baumärkten sind oft von schlechterer Qualität und schon zu lange der Muttererde entzogen), kann es losgehen. Messen Sie den Baum vom Ballen bis zum Hals aus um zu wissen, wie tief das Loch werden muss. Faustformel: das Loch soll mindestens doppelt so tief und breit sein wie der Ballen ist.

Beim Ausheben werden Ober- und Unterboden getrennt aufgeschüttet. Ist die Tiefe und Breite erreicht, so stellen Sie den Baum hinein und legen vom Boden aus über das Loch ein Richtscheit um zu prüfen, ob die Tiefe auch wirklich stimmt. Ist der Hals unterhalb der Erde, kann der Baum ersticken! Nehmen Sie den Baum wieder heraus und beginnen Sie nun Ihr Ritual. Nach dem Einlegen der Opfergabe stellen Sie den Baum vorsichtig hinein und entfernen den Ballensack, der im Loch bleiben kann. Hier folgt nun der Pflanz- und Wurzelschnitt. Anschließend wird per Augenmaß geprüft, ob der Baum gerade steht. Lassen Sie den Baum los, er muss von selbst in dieser Position stehen bleiben. Mit einer Schaufel wird nun gleichmäßig der Unterboden, der vorher mit Komposterde gemischt wurde, unter den Ballen geworfen und festgetreten. Anschließend das Loch mit der Erde auffüllen und zwischendurch

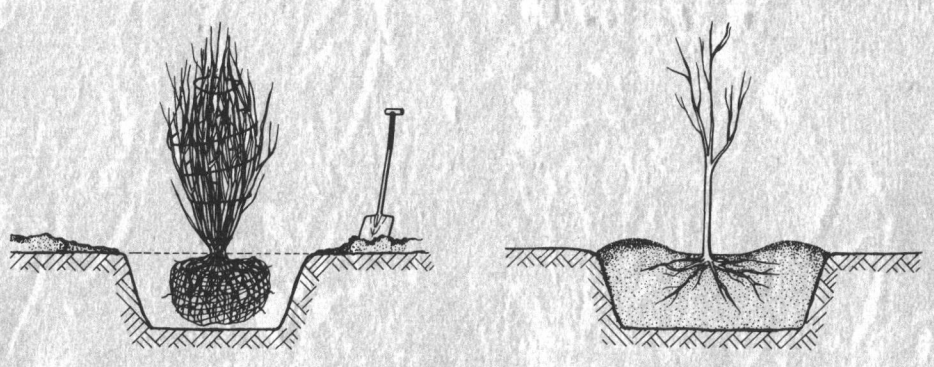

immer wieder kräftig festtrampeln, damit der Baum einen strammen Halt hat und sich keine Hohlräume bilden.

Ist nun das Loch vollständig aufgefüllt, so wird mit einer Harke ein kleiner Wall um den Baum herum erstellt, circa 20 – 30 cm vom Stamm entfernt. Giessen Sie nun den Baum kräftig mit Wasser, so dass dieser richtig eingeschlammt wird. Dadurch werden noch vorhandene Hohlräume mit Erde aufgefüllt, und der Baum wird sich in den nächsten Tagen „setzen".

Der Baum sollte als Stabilitätshilfe einen Pfosten oder ein Dreibein erhalten, um so zu vermeiden, dass der erste Sturm diesen kippen kann. Wird ein einzelner Pfosten verwendet, so wird dieser in dem ausgehobenen Loch vorher geschlagen, während bei einem Dreibein die Pfosten später gesetzt werden. Der Einzelpfosten steht vor dem Baum vor der Hauptwindrichtung.

 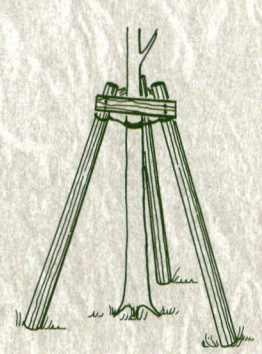

Außerdem zu beachten!

Vor dem Kauf eines Baumes muss man sich erkundigen, ob dieser ein Flach- oder Tiefwurzler ist. Flachwurzler sind bei Sturm nicht stabil und neigen dazu, schnell umzukippen. Außerdem heben sie den umliegenden Boden an und damit auch eventuelle Pflasterungen, Häuser bekommen Risse in den Wänden. Bäume wie die Säulenpappel eignen sich weniger, da diese nicht sehr alt werden, von innen heraus verfaulen und bei Sturm schnell Bruch erleiden. Traditionell werden fruchttragende Laubbäume verwendet, aber wer ein Nadelgehölz wie den Lebensbaum oder die Eibe nehmen möchte, kann dies gerne tun. In unserer Liste haben wir nur die langlebige Eibe als einziges Nadelgehölz berücksichtigt, was aber nicht aussagen soll, das andere weniger geeignet sind.

Ein Baum kann während des ganzen Jahres gepflanzt werden, außer in der Phase in der er blüht oder sich gerade in der Vorbereitungsphase dazu befindet. Die beste Zeit zum Pflanzen ist im Winter während der Ruhephase.

Kleine Übersicht über die Bäume, ihre Anforderungen beim Pflanzen, ihre Endgröße und spirituelle Zuordnungen

Name	Boden	Standort	Höhe/Breite	Stichwort
Ahorn	sauer-kalkhaltig	sonnig-halbschattig	10-15m / 6-8m	Expansionsdrang, Hüter der Schätze
Apfelbaum	feucht/locker	sonnig	10m / 10m	ewige Jugend, Fruchtbarkeit
Baumhasel	feucht/ nährstoffreich/ lehmig	sonnig-halbschattig	20m / 7m	Optimismus, Weisheit, sexuelle Kraft
Birke	jeder Gartenboden	sonnig	20-30m / 8-20m	Fruchtbarkeit, Fröhlichkeit
Birnbaum	mäßig trocken/ nährstoffreich/kalkh.	sonnig	2,5-15m / 8m	Anmut, Verführung
Eberesche	saure bis kalkhaltige Böden	sonnig	5-15m / 5-8m	(Lebens)Lust, Selbstreinigung
Eibe	locker/ nährstoffreich/ kalkhaltig	schattig-halbschattig	10-12m / bis 10m	Unsterblichkeit, Dunkle Alte, Große Mutter
Eiche	nährstoffreich/ kalkhaltig	sonnig-schattig	30-50m / 10-20m	(Lebens)Kraft, Heimat
Erle	feucht/kühl	sonnig	10-25m / 10m	Neubeginn, Element Wasser
Esche	feucht/frisch/ locker/nährstoffreich	sonnig	20-35m / 20-30m	Selbstbetrachtung, Initiation
Hainbuche	feucht/ nährstoffreich	sonnig-halbschattig	10-25m / bis15m	Überleben, Anpassung
(Ross-)Kastanie	normale Gartenböden	sonnig-schattig	25m / 20-25m	perfekte Harmonie, Opfer
Kirschbaum	nährstoffreich	sonnig	15m / 8m	Heiterkeit, Vereinigung der Dualitäten
Linde	feucht/ nährstoffreich	sonnig	20-30m / bis 20m	Liebe, Gerechtigkeit, Gemeinschaft
Pflaumenbaum	frisch/nährstoffreich/durchlässig	warm/ windgeschützt	10m / 6m	Vielfalt, Weiblichkeit
Robinie	anspruchslos	sonnig	25m / 5-8m	Lebenserfahrung, Ahnenkraft
Rotbuche	jeder normale Gartenboden	sonnig-schattig	25-30m / 30m	Erinnerung
Ulme	feucht/nährstoffreich/mäßig sauer	schattig-halbschattig	30-40m / 10-20m	Leben & Tod, Ursprung
Walnussbaum	gute & tief gründige Böden	sonnig/ windgeschützt	20m / 10-15m	Fruchtbarkeit, geheimes Wissen
Weißdorn	anspruchslos	sonnig	6m / 6m	Hochzeit, Zauberkraft, Feenreich

Danksagung

Dieses Buch wäre nicht entstanden ohne die Vorarbeit vieler Menschen, die ihre Gedanken zum Thema beitrugen – in ihren Schriften, ihrer Ritualarbeit, durch ihre Fotos, aber auch in der Diskussion oder einfach durch gutes Vorbild.

Mein Dank gilt Vicky Gabriel für kleinere Texte und Grimhildur Bragadóttir für den Text zur isländischen Tradition der Namensgebung, Tom Hey für die Erlaubnis den Ritualtanz (S. 81) verwenden zu dürfen und Holger Kliemannel als ausgebildetem Landschaftsgärtner für seine Hilfe bei der Überarbeitung des Baum-Kapitels (ab S. 114).

Besonderer Dank gilt den Paaren und Eltern, die den Mut hatten, ihre persönlichen Fotos und Aufzeichnungen für eine Veröffentlichung zur Verfügung zu stellen. Hier vor allem den Familien Hillenbrand, Leghissa, Steinbock, Gerwin, Wölfel, Schmid-Scholz und Lehnen-Christof.

Dank auch an Holger Gerwin für die Rechtschreibprüfung und an Rakuna für das intensive inhaltliche Lektorat, stundenlange Telefonate und entscheidende Ergänzungen. Wer mehr über matriarchale *Thesen* und mütterliches *Wissen* erfahren möchte, dem seien ihre beiden Bücher „*WahrWorte und WahrZeichen mütterlicher Kraft*" und „*Immer wieder lieben*" ans Herz gelegt.

Gruß und Dank auch an die Gemeinde Reinstädt und die Bürgermeisterin für den freien Zugang zur Kemenate. Ich (Björn) hatte mich für ein paar Tage in dieses mittelalterliche Frauenhaus zurückgezogen, um meine Gedanken zu ordnen und meine Ideen in Ruhe und Stille niederzulegen. Bei allen Nichtgenannten und Nichtbedachten möchten wir uns vorsorglich entschuldigen.

Gerne nehmen wir Hinweise und Verbesserungsvorschläge entgegen und freuen uns über mutige und kreative Paare, die ihre Lebensleitefeier in einer zweiten Auflage dieses Buches in Wort und Bild vorstellen möchten.

Bitte nehmen sie Kontakt zu uns auf ...

Romana & Björn Ulbrich

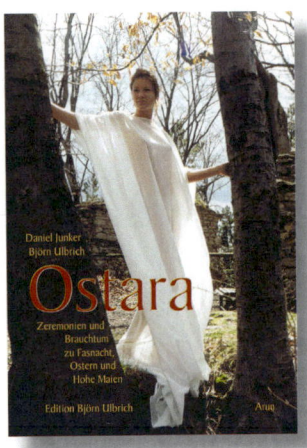

Romana & Björn Ulbrich
Ostara
Zeremonien und Brauchtum
zu Fasnacht, Ostern und
Hohe Maien
128 S., vierfarbig,
A4, Broschur
ISBN 978-3-935581-13-4
19,95 Euro

Björn Ulbrich
Holger Gerwin
Die geweihten Nächte
Rituale der stillen Zeit
Ein Ratgeber für
Weihnachten
128 S., vierfarbig,
A4, Broschur
ISBN 978-3-935581-89-9
19,95 Euro

Björn Ulbrich
Holger Gerwin
Die Hohe Zeit
Rituale und Zeremonien
für Hochzeit, Lebensbund
und Familie
128 S., vierfarbig,
A4, Broschur
ISBN 978-3-935581-79-0
19,95 Euro

Ulla Janascheck
Morag MacAuley
Markus Reinheimer
Kessel Ofen Feuer
Köstliche Rezepte zum Fei-
ern der Jahreskreisfeste
136 S., vierfarbig,
A4, Broschur
ISBN 978-3-935581-77-6
19,95 Euro

Helge Folkerts
Frauenkreise
Feste, Feiern, Rituale
um die Heilige Mitte
128 S., vierfarbig,
A4, Broschur
ISBN 978-3-935581-66-0
19,95 Euro

Helge Folkerts
**Spirale, Kreis
und Lebenstanz**
Die Magie der Symbole
128 S., vierfarbig,
A4, Broschur
ISBN 978-3-86663-016-1
19,95 Euro

www.arun-verlag.de